Herbert Knebel

Im *Liegen* geht's!

Rowohlt Taschenbuch Verlag

Originalausgabe
Veröffentlicht im Rowohlt Taschenbuch Verlag,
Reinbek bei Hamburg, Juli 2016
Copyright © 2016 by Rowohlt Verlag GmbH,
Reinbek bei Hamburg
Umschlaggestaltung ZERO Werbeagentur, München
Umschlagabbildung Thomas Willemsen
Satz Foundry Wilson PostScript (InDesign)
Gesamtherstellung CPI books GmbH, Leck, Germany
ISBN 978 3 499 63157 3

Inhalt

Vorwort

Liebe Leserinnen und Leser,

jetz grade, wo ich diese Zeilen verfass, bin ich am Liegen, passend zum Titel von dem Buch. Deswegen schreib ich dat auch nich selber auf, weil, dat geht im Liegen nich, sondern ich diktier es meine Tippse in Form von mein Frau. Dat geht im Liegen wunderbar!

Tja, wer kennt dat nich, dat viele Tätigkeiten, die man im Stehen verrichten muss, einem zunehmend schwerer fallen, gerade im Alter! Und da kommt auch mein Motto ins Spiel, wat auch der Titel von mein neues Buch geworden is: Im Liegen geht's!

Wat weiß ich, Spülen, Abtrocknen, Saugen, Fensterputzen, dat sind doch alles Tätigkeiten, die man sich im Liegen viel besser ankucken kann, als dat man einfach nur doof dabeisteht.

Ja, manchmal muss man ers ein gewisses Alter errei-
chen, um zu Reife und Weisheit zu gelangen. Und davon
handelt auch dies Buch, wo ich wieder Geschichten
erzähl, die sich gewaschen haben und die es wahrlich in
sich haben, wo ich manchma selber denk, wat, dat solls
du alles erlebt haben?! Na ja, aber im Liegen ging's.

Noch ein Tipp: Wenn ihr dat Buch lest, legt euch lieber hin! Sons haut et euch womöglich um, und dann liegt
ihr da!

Euer Herbert Knebel

Alten-WG

Boh glaubse, der Fred Zowislo hat sich jetzt endlich seinen langgehegten, ursprünglichen Lebenstraum erfüllt. Und zwar is der jetz auf seine alten Tage doch noch in eine Wohngemeinschaft gezogen. Jetz muss man dazu sagen, ich kenn den Fred schon seit dem Krieg, also ... Vietnamkrieg. Da ham wir beide seinezeit gegen protestiert. Ich weiß noch, wie wir immer gerufen haben, «USA SA SS!» oder «Hohohohohotschiming!». Ich weiß bis heute nich, wat dat heißt. Ja, ich bin da eigentlich nur mitgelaufen, weil ich scharf war, also ... auch gegen den Krieg, aber eigentlich auf die Petra Schlecker. Ich wollte die mit mein Protest durch mich auf mich aufmerksam machen. Dabei sah die gar nich so gut aus, aber der Name hat mich irgendwie angesprochen. Petra!

Na ja, auf jeden Fall, damals war der Fred ja infiziert von diese Aufbruchzeit, weiße, mit Kommune, Protest, Beatmusik, lange Haare, enge Buxen, Hasch und freie Liebe. Ja, der Fred wollte neue Lebensformen ausprobieren und hat direkt mitte freien Liebe angefangen. Und dann hatte sich dat damit aber ruck, zuck erledigt, ja, weil er direkt bei die Erste, die frei war, en Volltreffer gelandet hat! Neun Monate später wurd geheiratet, und dann hieß et ersma 40 Jahre lang «Mama, Papa, Kind». «Auto» hab ich noch vergessen.

Ja, und seit geräumige Zeit is der Fred alleinstehend. Ich vermute ma, dat dat mit den Tod von seine Frau zusammenhängt. Und jetz fiel ihm dat wieder ein mit sein Traum von damals. Und dann hat der inseriert und is auf Gleichgesinnte gestoßen. Und jetz wohnt der eben in sonne Wohngemeinschaft und hat mich neulich eingeladen.

Da war ich natürlich neugierig, wie die da so hausen. Und ich hatte mir spaßeshalber vorgestellt, weiße, wie ich da schell, und da macht en Oppa die Tür auf mit Rollator, aber son Ofenrohr von Joint inne Hand, und hinter ihm sonne Omma, die mit ihrn Afrolook im Türrahmen stecken bleibt. Und ausm Hintergrund hörse Musik von damals: «Macht kaputt, wat euch kaputt macht!» oder «Karamba, Karacho, ein Whisky».

Ja, da komm ich da hin, da is dat genauso! Und der Oppa mit den Joint is der Fred Zowislo! Ich sach, Fred, seit wann has du denn en Rollator?! Da sacht er, Herbert, dat is kein Rollator, dat is en mobilen Aschenbecher. Wat meins du, wat hier weggeraucht wird!

Ja, da gingen wir da in den Wohngemeinschaftsgemeinschaftsraum rein, da sah dat wirklich aus wie inne Hippiezeit: Poster anne Wand, Matratzen aum Boden, aber auch ein Pflegebett mit Defibrillator, falls ma einer wiederbelebt werden muss, und en Infusionsständer. Ich kuck so auf den Ständer und sach, Fred, apropos, wie sieht dat denn hier mit freie Liebe aus? In dem Moment geht die Tür auf, und wer is im Rahmen? Die Petra Schlecker! Ich sach, Petra, jetz hätt ich dich aber fast nich wieder- erkannt! Ich mein, 40 Jahre Wind und Wetter hinter- lassen an jedem Gebäude Spuren. Da kuckt sie mich an und sacht, kennen wir uns? Ich komm grad nich auf Sie drauf. Ich sach, ja, dat Gefühl kenn ich noch von damals! Ich sach, ich bin's, Hohohohotschiming! Herbert, der Mitläufer! Ach, natürlich!, sacht sie, sie wär damals ja eigentlich nur mitgelaufen wegen mir. Sie hätte meinen Namen so anziehend gefunden. Knebel!

Und dann sind wir da richtig abgegangen, also ... mit Kaffee und Kuchen. Da kamen die andern vonne WG noch mit dabei, und dann ham wir die alten Zeiten auf- leben lassen. Da ham wir die Bude gerockt! Meine Güte, war da eine Stimmung! Da kamen nachher sogar noch die Bullen. Aber wir ham uns alle tot gestellt, und dann sind die beruhigt wieder abgezogen.

Ja, und paar Stunden später dann, wie ich so mitte Guste beim Essen am Abendbrottisch saß, da wurd mir nochma schlagartig bewusst, wat dat fürn schönes Model is. Also, gez nich die Guste, sondern mit die Altenwohn- gemeinschaft.

Automation

Boh glaubse, neulich dacht ich, mich laust en Affe! Und zwar war ich unterwegs mit mein Auto und stand anne Ampel aufe Spur für Linksabbieger. Und aufe rechte Spur kommt neben mir einer zum Stehen, wo ich denk, häh?! Wo is denn der Fahrer?! Ja, ich sah nur den Beifahrer. Ich denk, jou, gez isset so weit; wat lange Zeit nur inne Phantasie war oder in diese Sinse-Fiktion-Filme, dat is gez auch bei uns in Deutschland angekommen!

Und ich mach so die Scheibe runter und ruf so rüber, leck mich am Arsch! Also, weil ich so vonne Socken war. Und dann fuhr er aber los, weil er Grün krichte, und ich sah, dat dat mit die Fahrerlosigkeit nur an sein Kennzeichen lag. Der kam nämlich aus England. Und der Engländer fährt ja traditionell ohne Fahrer. Da muss immer der Beifahrer ran.

Aber immerhin fährt da noch einer! Bei uns is ja gez wirklich inne Diskussion, dat se dat irgendwann einführen wollen, dat keiner mehr fährt. Sogar bei de Brummis! Da sitzt dann zwar noch einer drin, aber der kann wat anderes machen. Wahrscheinlich dat, wat er schon immer gemacht hat, nur jetz ganz in Ruhe und mit Hingabe und Leidenschaft.

Also, ich find, damit schießen die sich doch int eigene Knie! Kucken Se ma, wat da für Einnahmequellen wegfallen! Zum Beispiel die ganzen Blitzanlagen. Da kann ja keiner mehr geblitzt werden, wenn da keiner mehr am Steuer sitzt, der aufe Tube drücken kann. Und dat war ja bisher für viele Städte ne sichere Einnahmequelle, oft der letzte Strohhalm.

Wat meinse, wie viele Stadtkämmerer über die Jahre inne Rathauskantine gesessen haben und bei Rührei mit Lachs und Prosecco gebetet haben, hoffentlich wird heute einer geblitzt! Sons machen se uns am Ende noch die Kantine dicht!

Ja, und die Fahrerlosigkeit wird ja auch für viele Bereiche Arbeitslosigkeit nach sich ziehen. Zum Beispiel bei de Taxifahrer. Wat soll aus die ganzen Akademiker werden?! Ja, wenn Taxifahren keine Perspektive mehr is. Die können doch nich alle kellnern. Und am Ende werden die Kellner auch noch ersetzt durch Servierautomaten.

Und wodran vor mir noch keiner gedacht hat von die Herren Erfinder, dat sind nämlich die Fahrlehrer! Dat sind doch die ärmsten Schweine! Ich mein, wer macht da noch en Führerschein, wenn er nich mehr fahren brauch?!

Ja, aber dat is der Fortschritt. Da machse nix. Irgendwann wird dann wahrscheinlich keiner mehr gebraucht. Nur noch Altenpfleger.

Ballonfahrt

Boh glaubse, die Tage, da hatt ich mir en richtiges Eigentor geschossen. Und zwar hatt ich mich ja jahrelang beschwert über meine Geburtstagsgeschenke. Et gab ja jedes Jahr dat Gleiche: SOS – Socken, Oberhemd, Schlips. Manchma auch umgekehrt: Schlips, Oberhemd, Socken. Aber immer SOS.

Ja, jetz fühlte sich mein Frau bemüßigt, ma richtig wat Originelles rauszuhauen: eine Ballonfahrt übert Ruhrgebiet. Da könnt ich ma alles von oben sehen, praktisch ause Vögelperspektive.

Ja, da war ich ersma geschockt! Ich mein, ich hab dat ja schon dat ein oder andere Mal anklingen lassen, dat ich Flugangst hab im Flugzeug. Und son Ballon, dat is ja nochma ne ganz andere Herausforderung. Da sind ja keine Stewardessen, die dadrauf geschult sind, ein zu beruhigen. Klo hasse da oben auch nich, wenne ma richtig Schiss has, und dann is da auch noch alles offen, praktisch Cabrio!

Jetz wollt ich mein Frau aber nich enttäuschen und dat Geschenk ablehnen, weil sie sich ja so viel Mühe gegeben hatte, und da hab ich so getan, als würd ich mich freuen.

Ja, am Tach X standen dann auch noch meine Enkeln aufe Matte, die sich an dem Geschenk beteiligt hatten. Ich denk, na komm, hasse wenigstens seelischen Beistand. Jetz kamen wir da zu den Startplatz hin, da standen da schon einige Leute. Ich denk, wie wollen wir denn alle in den Korb reinpassen? Dat is doch ne viel zu kleine Körbchengröße! Da war nämlich einer dabei, der war praktisch selber en Ballon, und die Frau von ihm war auch nich gerade en Hungerhaken. Und die hatten noch ihre drei Kinder mit dabei und en Hund, den Whiskey, son kleinen Rehpinscher.

Ja, nachdem die da in den Korb eingestiegen waren, dacht ich noch, jetz wird et aber eng für uns! Aber kaum war ich eingestiegen, da sachten meine Verwandten, viel Spaß, Oppa, guten Flug, Hals- und Beinbruch! Und bevor ich aus meine Schockstarre wieder raus war, saßen die auch schon im Auto und düsten los. Und ich seh noch die Rücklichter von mein Auto und denk, wer fährt denn da von die Erbschleicher?!

Ja, da war der Ballon schon inne Steigungsphase, und der Whiskey war direkt am Winseln. Und ich aber auch! Da hab ich ersma die Augen zugemacht und mich am Ballonführer festgehalten. Und wie ich mich so an ihm am Anklammern bin, ruft eins von die Saublagen, Papa, Papa, kumma, der Oppa is schwul!

Ich sach, ich gib dich gleich «Oppa»! Die denken heute, die könnten sich alles rausnehmen! Aber der Führer nahm dat ganz locker und sachte, er wär dat gewohnt. Ich sollte einfach die Aussicht genießen, dann ging die Angst wie von selber weg.

Ja, nach ner halben Stunde hab ich mich dann auch getraut, die Augen aufzumachen. Und dat Erste, wat ich seh, is dat Dach vonne Veltins-Arena. Und weil ich ja Borusse bin, hab ich die Augen drekt wieder zugemacht. Und als ob dat mit die Arena nich schlimm genug wär, entpuppte sich die Familie als Schalker. Die fingen drekt an zu singen: Blau und Weiß, wie lieb ich dich. Und wie auf Kommando fing der Whiskey an zu hopsen, und alle hopsten se mit, bis auf den Führer und mich, und skandierten: Wer nich hüpft, der is kein Schalker!

Ja, da krichte der Ballon Schlagseite, weil die dicken Eltern sich auf eine Seite befanden. Und der Führer rief noch, verteilt euch! Aber da kam der Ballon auch schon ins Trudeln.

Ich denk, toll, dein letztes Stündchen hat geschlagen, und dat ausgerechnet hier, in Feindesland, über de Veltins-Arena! Kann ein Mensch tiefer sinken?! In dem Fall muss ich sagen, ja, Gott sei Dank! Der Führer hatte den Ballon nämlich stabilisiert gekricht, trotz meiner neuerlichen Umklammerung! Also eine flugtechnische Meisterleistung. Aber weil wir schon so tief gesunken waren, war er zu eine Notlandung gezwungen. Und wissen Se wat, mitten im Anstoßkreis vonne Veltins-Arena!

Dat stand auch am nächsten Tach groß inne Zeitung: Rückschlag für Schalke! Ballon-Notlandung stört Geheimtraining vor Champions-League-Aus!

Ich mein, irgendwie war ich mitte Nerven schon ziemlich runter, aber am Ende war et dann doch gar nich so schlecht. Dat war ma en anderes SOS!

Bombenalarm

Boh glaubse, bei uns war wat los! So wat ham wir hier noch nie erlebt! Da war die ganze Siedlung in Aufruhr. Dabei fing dat alles ganz harmlos an.

Und zwar klingelte die Tage einer von meine Nachbarn an, der Willi Ketzer. Er wär im Garten auf wat Hartes gestoßen, und zwar beim Umgraben. Irgendwat Metallisches. Und für Metall würd man ja jede Menge Geld kriegen beim Klüngelskerl. Ob ich ihm helfen könnte, weil, dat wär wohl vonne Ausmaße her en Riesen-Otto.

Da bin ich mitgegangen. Und dann sind wir da mit Spaten und Spitzhacke beigegangen. Und so beim Beigehen sachte ich noch so, Willi, nich, dat wir hier ne Bombe ausbuddeln! Und als wir dat Ding komplett freigelegt hatten, mussten wir feststellen, dat et wohl tatsächlich eine war.

Oben auf die Bombe drauf stand als Absender dick und fett RAF. Ich denk, dat gibbet doch nich, Baader Meinhoff! Und dann sah ich aber, dat et im Kleingedruckten nochma ausgeschrieben stand: Royal Air Force. Kuck an, denk ich, Grüße vom Tommy!

Ich sach, Willi, am besten, du bleibs hier und passt auf, dat nix passiert, und ich geh die Polizei anrufen. Mit zittrige und schweißnasse Finger hab ich gewählt. Mein Gott, wie oft hab ich mich verwählt, bei 110!

Kurze Zeit später war schon Tatütata im Anmarsch. Und als der Spezialist vom Kampfmittelräumdienst sich den Weg durch die ganzen Gaffer gebahnt hatte und den Zünder von den Blindgänger in Augenschein genommen hatte, sachte er direkt, oh oh, dat kann ja heiter werden! Und wir sollten ma en bissken weiter weggehen, am besten so fünf Kilometer.

Ja, da musste die ganze Gegend großräumig evakuiert werden. Ich sofort nach Hause. Ich sach, Guste, wir müssen weg, Bombenalarm! Wir können nur dat Nötigste mitnehmen. Ja, da sind wir direkt im Streit geraten, wat dat Nötigste is. Für mich war klar, BVB-Mitgliedsausweis, große Teile von meine Schallplattensammlung und en warmen Schal.

Ich sach, Guste, wills du auch wat mitnehmen, weil, eigentlich ham wir ja alles. Da meinte sie, ihre Aussteuer müsste mit. Ich sach, Guste, du wills doch nich allen Ernstes die verfickte Biberbettwäsche mitschleppen?!

Ja, da war se beleidigt und hat nich mehr mit mir gesprochen. Und da kann ich ja auch auf stur schalten. Da ham wir uns dann inne Wohnung angeschwiegen, während sich draußen die Flüchtlingstrecks aufn Weg machten in Richtung Turnhalle, wo se se vom Krisenstab unterbringen wollten.

Ich glaub, irgendwann waren wir die Einzigsten inne Siedlung. Und et war wirklich totenstill. Und inne Stille hör ich auf einma ein beten. Ich geh so am Fenster, und von mir aus hab ich ja en guten Blick auf den Willi Ketzer sein Garten, ja, da steht da der Entschärfer mit gefaltete Hände. Und wie ich dat Fenster aufmach, hör ich noch so, wie er sacht, dein Reich komme, dein Wille geschehe.

Da wusst ich, der Mann hat en Problem! Und ich ruf so zu ihm runter, denk dran, der Tommy hat Linksgewinde! Da drehte er sich zu mir um, schlug sich vor de Stirn, lächelte so erleichtert zu mir hoch, reckte beide Daumen inne Höhe und sachte, deshalb komm ich hier nich weiter! Bingo! Ich sach, angenehm, Knebel!

Ja, und dann war die Sache im Handumdrehen erledigt. Ich sach, Guste, kanns die Biberbettwäsche wieder einpacken, der Herr Bingo hat die Situation entschärft.

Ja, manchma hat son Ehestreit eben auch wat Gutes! Wer weiß, wo wir sons gelandet wären, inne Turnhalle oder im Himmel?!

Deeskalation

Boh glaubse, die Tage war ich mit dem Arnold Eggermann unterwegs. Ja, den kenn ich noch von ganz, ganz früher. Dat war en ehemaligen Sportskamerad. Wir ham uns inne E-Jugend vom Fußballverein kennengelert. Mit dem Arnold war nich gut Kirschen essen. Der war damals schon als Kind gefürchtet wegen seine Art. Und zwar ging der sofort immer steil, aber in jede Beziehung.

Wenn da zum Beispiel der Schirri gemeint hat, der Ball war aus, und der Arnold anderer Meinung war, da hättse den ma sehen sollen! Da hat der dem Schirri die Linie gezeigt, aber von ganz nah! Und auch sons is der bei die kleinsten Kleinigkeiten ausgeflippt. Wenn die Mama ma wat Falsches gekocht hatte, wat weiß ich, Auflauf, dann hat der der Mama mit dem Auflauf en Einlauf gemacht. Oder wenn er sich anne Bude ne Fußballbildertüte gekauft hatte, und da waren die falschen Spieler drin, dann hat der Budenbesitzer direkt dat Rollgitter runtergelassen, um seine Verkaufsstelle vor den Arnold sein Vandalismus zu schützen.

Jaa, der Arnold war schwierig. Der war nich jedermanns Geschmack. Wobei ich immer ganz gern mit dem zusammen war, weil, da fiel ich dann nich so unangenehm auf.

Ja, und wat soll ich Sie sagen, neulich geht dat Telefon, da is der Arnold dran. Da war ich überrascht, weil, ich hatte den ja Jahre nich gesehen. Ob wir uns nich ma verabreden könnten für en schönen Ausflug. Ich sach, wie wär et mit heut Nachmittag? Dat kam mir nämlich ganz gelegen, weil ich ausn Elektrofachgroßhandel noch unsre neue Waschmaschine abholen musste. Da waren zwei starke Hände sehr willkommen!

Ja, gesacht, getan. Wir dahin, da war da aum Parkplatz kein Parkplatz. Ich sach, pass auf, Arni, scheiß drauf! Wir stellen uns einfach mim Warnblinker aufe Straße. Dat dauert ja nich ewig.

Wir steigen aus, da seh ich direkt, wie sonne Politesse angeschossen kommt. Ich denk, Baby, schnall dich an! Ich hab den Arnold dabei! Ein falsches Wort, und der explodiert! Ja, da sacht sie prompt, hier könn Se nich stehen bleiben! Ich kuck so erwartungsvoll zu den Arnold rüber, ob der schon Betriebstemperatur hat, ja, aber er machte noch en ganz coolen Eindruck. Ich denk, oh, die Ruhe vor dem Sturm. Wahrscheinlich pumpt der innerlich schon auf.

Ich sach, junge Frau, wir gehn nur kurz im Geschäft, und dann sind wir ruck, zuck wieder weg. So schnell könn

Sie gar nich kucken. Da sacht sie nochma, Sie können hier nich stehen bleiben! Ich kuck wieder so nach den Arnold, immer noch nix. Da sacht die Knöllchen-Olle, ich fordere Sie ein letztes Ma unverzüglich auf! Ich stubs den Arnold so an und sach, Arni, has du gehört, wie man versucht, uns hier zu demütigen und zu maßregeln?! Aber er steht einfach nur da. Ich denk, wann zündet denn die Lunte endlich?!

Ja, da fing die Schergin vom Ordnungsamt an, dat Protokoll auszufüllen. Und da bin ich ausgerastet und hab sie im Namen vom Arnold beleidigt. Und zwar so, dat ich jetz ne Anzeige wegen Beamtenbeleidigung anne Backe hab.

Und dann hab ich den Arnold zur Rede gestellt und ihm gesacht, dat ich sehr enttäuscht wär und von unsern Treffen eigentlich mehr erwartet hätte. Ja, da stellte sich raus, dat er seit 30 Jahre Deeskalationstraining macht, und seit ner Woche würd et klappen. Deswegen hätt er mich auch angerufen, quasi als Härtetest, um zu kucken, ob er wirklich drüber weg wär.

Also ... auf nix is mehr Verlass! Ich hab dann den Name von dem Psychologe rausgekricht. Ich geh da auch ma hin. Den falt ich zusammen!

3-D-Film

Boh glaubse, die Tage, da war ich im Kino gewesen. Ach, da war ich schon ewig nich mehr. Ich glaub, dat letzte Mal war ich, dat muss so inne Siebziger gewesen sein, wie hieß der Film noch? Irgendwat mit «mein Frau». Ah, jetzt weiß ich wieder: «Deine Frau, dat unbekannte Wesen».

Ich weiß noch, als ich den Film gesehen hab, da warn wirklich en paar Details, die kannte ich so von mein Frau noch gar nich. Ja, danach hab ich dann nur noch Fernseh gekuckt. Mein Frau hab ich ja auch zu Hause, dafür brauch ich nich im Kino gehen.

Obwohl, nee, dat is nich ganz richtig. Einma war ich noch. In «Lass jucken, Kumpel!». Da hatt ich ers gedacht, dat wär son Film über son Bergmann. Die hab ich ja immer gerne gesehn, die Ingmar-Bergman-Filme. Aber der «Lass jucken, Kumpel!» war wahrscheinlich sein schlechtester.

Auf jeden Fall hatte mich mein Kumpel, der Rudi Eisenstein, überredet, mit mir zusammen im Kino zu gehen. Da gäb et gez immer mehr 3-D-Filme. Und dat müsste wohl ganz toll sein, weil, man hätte dat Gefühl, man wär mittendrin dabei! Und da sind wir in son Sinse Fiktion reingegangen. «Rakete 12 antwortet nich».

Ja, beim Kauf vonne Karten sachte die Verkäuferin, hier, Ihre Brille! Ich kuck mir die an und sach, danke, sonne ähnliche hab ich ja schon auf. Sie lächelte dann so ganz charmant und meinte, dat wär aber ne ganz spezielle. Ich sach, findse meine etwa nich speziell? Ja, et ginge aber doch um den 3-D-Effekt! Ich sach, junges Fräulein, wat meins du, wat ich mit die Brille schon alles in 3-D gesehn hab! Dat nackte Elend! Da hätt ich mir oft gewünscht, et wär nur Doppel-D gewesen! Da sachte sie, ich müsste mir keine Sorgen machen, der Film wär jugendfrei.

Ja, da sind wir da rein mit die Brillen, und nach ne Dreiviertelstunde ging der Film auch schon los. Und der Rudi sachte, Herbert, setz die Brille auf! Gez geht et rund! Hömma, ich hatte die kaum auf, da war ich mitten im Weltraum! Und dat war so echt, dat ich regelrecht Beklemmungen gekricht hab. Man hatte wirklich so die Illusion, man schwob so durch dat All. *(singt)* Völlig losgelöst vonne Erde ...

Da war wat los! Dat kannte ich so von 2-D gar nich: unendliche Tiefen, ordentliche Weiten, alles voller Nebel, Galaxienhaufen und, und, und. Und irgendwann kam sonne Szene, wo son Alien am Wirken dran war. Und durch dat 3-D has du wirklich dat Gefühl gehabt, du has da einen stehen, also ... en echten Alien. Mitten im Kino!

Auf einma kuckt der mich so an und kommt genau auf mich zu! Ich denk, Herbert, gez wird et Ernst! Und da hab ich so im Reflex affektartig auf den draufgewichst! Ja, weiße, so mitte flache Hand. Aber ich hab en wohl nich erwischt, sondern stattdessen sonne Frau inne Reihe vor mir. Da war direkt Tumult!

Ich sach, Entschuldigung, ich hab mich verkloppt. Eigentlich wollt ich den Alien vor Ihnen ein verbraten. Jetz fühlte sich son Herr unmittelbar vor der Frau ange-sprochen und sachte, pass ma auf, du Komiker, ich geb dir gleich «Alien»! Und der drehte sich so um, und da hab ich mich zu Tode erschrocken, weil, der sah aus wie der Alien aus den sein Gesicht geschnitten! Ich sach, Rudi, lass uns abhauen hier! Dat wird mir zu realistisch mit den scheiß 3-D! Ja, da sind wir aufe Flucht mit die Brillen fast noch vor dat Kassenhäuschen gelaufen.

Ich muss sagen, da fühl ich mich zu Hause vorn Fern-seher sicherer. Schön mit mein Frau dabei. Die hat zwar nich 3-D, aber … mir reicht et!

Einbrecher

Boh glaubse, wissen Se, wer mich schon wieder bekloppt gemacht hat? Richtig, mein Frau! Und zwar hatte die sich infizieren lassen. Aber nich mit Grippe oder Fußpilz, sondern mit Angst. Und zwar Angst vor Einbrechern.

Ja, wir hatten neulich ne Folge gesehen von «Die Kriminalpolizei rät», weil wir gedacht hatten, dat wär en Quiz, wo so Bullen wat raten müssen. Die Sendung gibt et eigentlich gar nich mehr, aber ich hatte die damals alle mit mein Videorekorder aufgenommen, aber bis dato nie gekuckt. Ja, dat is dat Schöne am Ruhestand, dat man Liegengebliebenes abarbeiten kann.

Und beim Kucken von die VHS-Kassette war dann klar, dat dat gar keine Ratesendung is, sondern eine Beratesendung, wo die Polizei sich rechtfertigt für ihre Unfähigkeit, Gauner zur Strecke zu bringen, in diesem Fall speziell Einbrecher. Und wo den Zuschauern mehr oder weniger durch die Blume gesacht wurde, zählt bloß nich auf uns, schützt euch selber vor dem Gesocks!

Und dann zeigten se, wat passiert, wenn man en Fenster auf Kipp lässt. Ruck, zuck waren die Brüder drin. So schnell konnse gar nich kucken. Da ham wir nochma zurückgespult und in Zeitlupe gekuckt. Leck mich am Arsch, dat war sogar in Zeitlupe schnell.

Und seitdem hatte die Guste en Pinn im Kopp und sah überall Einbrecher. Ständig musste ich die Rollladen rauf- und runterziehen, damit man auch sehen konnte, dat einer zu Hause is. Ich wurd dann von ein Nachbarn schon so süffisant angesprochen, wat wir da ständig tagsüber im Dunkeln machen würden. Ich sach, wir schützen uns. Da sachte er so auf Französisch, «Oh lala!». Aber ich kann ja kein Französisch.

Jedenfalls war die Guste schon dabei, so Sachen ausm Internet zu bestellen: ne Überwachungskamera, Sicherheitsschlösser, Fliegengitter mit Strom drauf und son Licht, wo man von außen denkt, da sitzen welche und kucken Fernseh. Ich sach, Guste, aber wir sitzen doch da auch und kucken Fernseh, fast immer!

Aber et war nix zu machen. En paar Tage später sah unsre Haustür aus wie die von den Alcatraz. Und rund umme Uhr war dat Fernsehkuckimmitationslicht am Flackern. Ich bin bald bekloppt geworden! Ich wollt nachher überhaupt kein Fernseh mehr kucken. Und noch en paar Tage später waren wir ma nich zu Hause, da hamse bei uns eingebrochen! Die müssen wohl gedacht haben, bei die Sicherheitsvorkehrungen, die die treffen, da muss ja wohl richtig wat zu holen sein!

Ja, wat hamse mitgenommen: meine BVB-Bett-wäsche, mein Fan-Schal, und der Guste hamse den Mats Hummels geklaut. Als Starschnitt. Und dat Fernsehkuck-immitationslicht hatten se ausgeknipst, mim Zettel dane-ben: Für wie doof haltet ihr uns?!

Ja, is klar, die Spur zeigt eindeutig in Richtung Osten. Nach Dortmund! Jetz muss ich ma beim nächsten Heim-spiel drauf achten, ob ich irgendwo meine Bettwäsche seh. Aber mein Frau is jetz wat gelassener, weil, mit Einbruch is ja wie mit Blitzschlag: Zweimal trifft et ein nich.

Elektrogitarre

Boh glaubse, ich bin seit en paar Tagen auf Wolke 7! Ich hab mich verliebt! Aber jetz nich in mein Frau. Die lieb ich ja schon seit ... ach, wat weiß ich. Nee, ich hab jetz noch ne ganz große Leidenschaft nebenherlaufen. Ich träum von ihre Kurven, von ihren schlanken Hals und von den Geräuschen, die se macht, wenn ich se befummle. Freunde, ich bin jetz Inhaber von eine Gitarre! Aber auf Elektrobasis, also ... Strom!

Ja, dat war schon immer von mir en Jugendtraum, Elektrogitarrist zu werden. Ich weiß dat noch, die andern Jungs früher, die wollten Automechaniker werden oder Elektromonteur, ich wollte Elektrogitarrist werden.

Ich hatte damals auch schon en paar Mitschüler als Band um mich versammelt, uns fehlte nur noch dat Instrumentarium, um inne Charts zu kommen. En Hit hatten wir eigentlich auch schon. Er hieß «Hey Baby, wenn du wieder zu spät komms, dreh ich durch!». Und die Band hieß «Herbert und die Pünktlichen». Aber wie dat so is, bleiben Jugendträume oft unerfüllt.

Na ja, aber jetz vor kurzem hab ich mich gefragt, Herbert, wat machs du eigentlich den ganzen Tach? Streng genommen, außer beobachten nix! Warum dann nich im Alter noch die Hütte rocken?!

Ja, da bin ich hier bei uns in Essen in ein Gitarrenfachgeschäft gegangen: Musikshop Axel. Und dann hab ich mich da kompitent beraten lassen von die tättuwierten, gepierzten, langhaarigen Grunge-Typen. Aah, dat is meine Welt! Seit neuesten. Ich hab *auch* schon über son Tättu nachgedacht, so aufn Unterarm, «Dur»! Ja, oder «Moll», da bin ich noch unschlüssig.

Jedenfalls fragte mich der Verkäufer, wat et denn sein soll. Er hätte jetzt grade ne schöne Wandergitarre reingekricht. Ich sach, junger Mann, seh ich so aus, als wenn ich noch großartig wandern würd?! Ja, dann vielleicht Western-Gitarre oder klassisch?

Ich sach, wat hat der Jimi Hendrix denn für eine gespielt? Da sachte er, der hat mit links gespielt, dat könn Se vergessen! Dat kriegen Sie nie im Leben hin! Ich sach, dat wolln wir doch ma sehen! Rück raus, wat fürn Modell hat der bearbeitet? Und da zeigte er mir genau son Modell. Eine Fender Stratokaster, aber eine für rechts. Und dann hab ich mir die so umgehängt, bin en paarmal durchet Geschäft gelaufen und hab gesacht, die nimm ich, die sitzt eins a!

Da sacht er, aber en Verstärker brauchen Se ja auch noch. Ich sach, wat hat der Jimi Hendrix denn für einen gehabt? Und da zeigte er mir praktisch sonne Schrankwand. Und da ich ja mit unsere Schrankwand schon länger nich mehr glücklich bin, hab ich da einfach zugeschlagen.

Ja, und jetz steht se bei mir zu Hause, die Wand! Aber nich im Wohnzimmer, da war mein Frau dann doch dagegen, sondern bei mir in mein Beat-Keller, direkt neben de Waschmaschine. Und da sitz ich jetz jeden Tach und üb. Aber ich muss sagen, et is doch nich so einfach, wie man beim Zukucken denkt. Obwohl, mit Zunge kann ich schon ganz gut! Und hinterm Rücken hab ich auch schon probiert, aber da hab ich mir sonne leichte Bandscheibenvorwölbung eingefangen. So will ich auch meine neue Band nennen: Bandscheibenvorwölbung. Dat is ma en altersgerechter Bandname!

Energiesparen

Boh glaubse, die Tage musst ich mich mit mein Frau zusammensetzen. Wegen Abrechnung. Also ... Nebenkostenabrechnung. Nich, dat Sie denken, jetz hattet die ihre Ehe endlich auch erwischt. Da kann ich Sie beruhigen, wir treiben in ganz ruhige Gewässer, sonne Art Stand-bei-Modus. Womit wir direkt schon beim eigentlichen Thema wären, denn auch Stand-bei verbraucht unnötig Energie und erzeugt somit auch höhere Nebenkosten. Auch en Sachverhalt, den nich jeder direkt durchschaut!

Jedenfalls hatten wir von unsern Vermieter ne gesalzene Nebenkostenabrechnung gekricht, die sich gewaschen hatte. Die hatte er uns mit nem Präsentkorb zukommen lassen, zusammen mit nem toten Vogel. Den hätten wir abgeschossen. Herzlichen Glückwunsch! Highest Score! Verbraucher des Jahres! Und da mussten wir uns wohl oder übel zusammentun, um zu kucken, wo wir unnötig wat verballern.

Ich sach, sisse, Guste, jetz ham wir die Quittung für deine ständige Saugerei! Sie müssen sich dat so vorstellen, meine Frau und ihr Sauger, die sind mittlerweile eine Symbiose. Sobald ma fünf Minuten Leerlauf im Haushalt auftritt, da wird direkt der Sauger aktiviert. Ich sach, Guste, dat hat doch mit Hausarbeit gar nix mehr zu tun, wat du machs, dat is doch Frustsaugen! Wat hätts du denn früher gemacht, als et noch keine Sauger gab?! Tja, da war se stumm. Ich sach, Fegen oder Wischen, dat kannse dir aussuchen! Aber am besten is Fegen, da verbrauchse nichma Wasser. Wat meinse, wat wir da sparen!

Da meinte sie, dat kann ja wohl nich alleine der Grund sein. Du mit deine Fußballkuckerei! Du frisst Strom ohne Ende! Ich sach, wann kuck ich denn ma Fußball?! Außer gez Samstag, Sonntag. Ja, Freitag noch dat Abendspiel, aber sons?! Okay, Mittwoch Champions League, Donnerstag Europa League, aber sons?! Gut, Dienstag is auch noch Champions League und Montag dat Spitzenspiel inne zweite Liga, aber dat isset dann auch schon! Wenn nich grade WM, EM oder Confed Cup is oder DFB-Pokal, Super Cup, manchma wirft man auch noch en Blick inne englische Liga oder Tennis. *Dat* is energieintensiv, sach ich, grade auf Asche, wenn die so viereinhalb, fünf Stunden spielen. Mein Gott, wat is dat langweilg! Aber nu, man musset ja zu Ende kucken, man will ja wissen, wie et ausgeht. Aber Damenfußball zum Beispiel kuck ich gar nich, eher selten.

Da sacht mein Frau, samma, hörs du dir eigentlich manchma selber zu? Ich sach, so weit kommt dat noch!

Ich hab doch kein neben mir herlaufen! Ich sach, und wo wir schomma dabei sind, Guste, deine ständigen Schönheitsbäder, die von ihre Wirkung her maßlos überschätzt werden, oder dein ständiges morgendliches Gedusche, dat bringt uns auch an Rand von Ruin!

Da meinte sie, dat sollte ich auch ma ab und an machen, dann müsste sie nich so oft lüften, wat ja grade im Winter die Heizkosten hochtreibt. Ich sach, du wills doch nich etwa damit durch ne Blume sagen, dat ich miefe?! Ja, ob ich dat denn nich selber riechen tät. Ich sach, wat verlangs du eigentlich von mir?! Ers soll ich mir selbs zuhören und mich dann auch noch selbs riechen?

Und dann hab ich die Faxen dick gehabt, hab mich vorm Fernseher gesetzt und direkt Eurosport. Dart. Noch langweiliger als Tennis auf Asche! Und wat soll ich Sie sagen, da legt mein Frau sich inne Wanne und lässt die ganze Zeit den Sauger laufen. Einfach so, aus Protest! Ja, ich bitt Sie, so sparen wir nie wat!

Entspannungs-wochenende

Boh glaubse, die Tage, da hatt ich schon wieder Geburtstag. Ich weiß gar nich mehr, der wievielte. Ham Sie auch dat Gefühl, dat, je älter man wird, desto mehr wird dat? Ja, und Problem is ja auch mitte Geschenke. Irgendwann hasse ja schomma alles gekricht.

Diesma hatte mein Frau aber im Vorfeld schon angekündigt, et gäb ma ganz wat Besonderes! Ich sollt mich jetz schomma freuen, sons würd ich mich an mein Geburtstag gar nich mehr einkriegen. Ja, dann hab ich son bisskn in sie gebohrt, um wat rauszukriegen, aber sie ließ sich nix entnehmen.

An mein Geburtstag kricht ich dann en Briefumschlag. Da hab ich mich wirklich unheimlich gefreut. Geld! Ich denk, sisse, dein Frau weiß einfach, wo se dich mit glücklich machen kann! Ich reiß den Umschlag auf, nix! Nur en Zettel. Ich sach, Guste, wo is dat Geld?! Oder is dat en Scheck? Und ich kuck so drauf, weil ich auf die Summe gespannt war, da steht da: Gutschein für ein Entspannungswochenende mit zwei Personen.

Da war ich ersma platt. Ich denk, welche von ihre Freundinnen will die Guste denn mitnehmen? Und ich seh mich schon im Fernsehsessel liegen, und et läuft «Liga total», und an jedem Fuß werd ich von eine massiert. Und auf Zuruf wird mir en frisches Pils serviert. Ja, so weit, so gut, die Phantasie.

Dann entpuppte sich nämlich dat Entspannungswochenende als asiatisch, und zwar Yoga und Meditation. Und die zwei Personen waren mein Frau und ich. Und die Guste meinte ganz euforisch, is dat nich schön?! Ich sach, ja, Guste, dat is ... nich schön. Ja, aber da würden wir zwei ma wieder wat zusammen unternehmen, und ich könnte ma wat zur Ruhe kommen. Ich würd ja nur noch ausrasten. Und dann hab ich mein Frau zuliebe mein Geschenk apzeptiert.

Und zwar fand dat statt inner Tagungsstätte vom Evangelischen Bildungswerk irgendwo im Sauerland. Und der Raum, wo wir uns drin versammeln mussten, sah auch schon schwer nach Entspannung aus. Überall so Räucherstäbchen, Fotos von so beruhigende Motive von Natur und so diese Futongs, da diese Flachmatratzen. Boh ker, wat waren die hart!

Und der Übungsleiter, der Herr Pislowski, sachte, wir sollten ersma alle im Schneidersitz gehen. Ich sach, du bis lustig! Kollege, wenn ich gez hier im Schneidersitz geh, dann könn wir direkt en Schneider anrufen, weil mir die Buxe geplatzt is! Ja, ich sollte dann nur so weit machen, wie ging. Und der breitbeinige Schneidersitz war dann auch ganz bequem.

Ja, und dann sachte er, wir sollten gez ma spüren, wie der Atem an uns runterfließt und den Raum füllt. Ich sach so in die Runde, Freunde, hoffentlich habt ihr euch alle ordentlich die Zähne geputzt, sons gehen hier aber die Rauchmelder an! Und ich kuck so erwartungsvoll inne Runde nach dem Kracher, den ich da rausgehauen hatte, aber keiner lacht. Ich denk, wat is dat denn hier?! Ham die alle en Stock im Arsch?! Die ham Entspannung aber bitter nötig!

Und dann sachte der Trainer, der Pislowski, so, gez stelln Se sich vor, Sie sind auf ner großen Wiese, und Sie überlassen sich ganz dem Gefühl … vonne Wiese. Ich denk, wat fürn Gras hat der denn geraucht?! Ich sach, Herr Pislowski, wenn ich dich an diese Stelle kurz unterbrechen darf, geht als Wiese auch Fußballfeld? Dat fällt mir einfacher, mich vonne Immagenation der Situation hinzugeben. Er sachte, ja, dann aber bitte ohne Spieler!

Als ich dann en paar Minuten ergebnislos versucht hatte, mich in die Wiese reinzufühlen, sachte ich, Meister Pislowski, wenigstens en Ball wär schon sehr hilfreich für mich! Da meinte er, et ginge gez einfach dadrum, alles loszulassen, auch den Ball. Und im Übrigen sollte ich endlich ma die Schnauze halten!

Da war ich ersma beeindruckt! Dat hatte ich dem Kirchenheini gar nich zugetraut, dat er auch so normal mit

Leute sprechen kann. Ja, und da war irgendwie dat Eis gebrochen. Danach hab ich se alle anne Wand meditiert! Ich hab so tief meditiert, dat die Guste Mühe hatte, mich rechtzeitig vor de Abreise wach zu kriegen.

Ja, ma gut, dat ich so entspannt aus dem Wochenende zurückgekommen bin, weil, zu Hause, da warteten nämlich schon wieder neue Abenteuer auf mich!

Fahrpraxis-Auffrischung

Boh glaubse, ich hab mir im Moment wieder wat aufgehalst! Na ja, wat tut man nich alles für de Menschheit! Manchma hab ich dat Gefühl, ich bin einfach zu gut.

Und zwar hat von die Guste die Freundin, die Änne Stöbeken, deren Mann ins Gras gebissen. Und direkt tot! Ja, und jetz is die Änne alleinstehend, und wir kümmern uns en bissken um die. Die is so unselbständig.

Ja, jetz hat sie noch dat Auto von ihren Mann, aber fehlende Fahrpraxis, weil *er* immer gefahren is. Selbs wenn et ma feuchtfröhlich wurde. An dat Steuer ließ er keinen Fremden dran. Und die Änne sachte dann, Herr Knebel, kanns du mir nich im Auto wat unter de Arme greifen? Du bis doch da en Könner im Verkehr. Ich denk, oh, hat die Guste ausm Nähkästchen geplaudert? Ja, aber et ging wirklich nur dadrum, sie wollte simplen Fahrunterricht.

Jetz hatten wir uns verabredet, und ich wollt se ma ne halbe Stunde richtig rannehmen. Wir sitzen im Auto, da hat die direkt beim Starten die Karre abgewürgt, aber so abgewürgt, dat dat Kfz ersma reanimiert werden musste. Gut, dat ihr Mann nich mit im Auto saß, sons wär der drekt en zweites Mal hopsgegangen.

Ich sach, Änne, wann bis du denn zum letzten Mal gefahren? Da meinte sie, 1962. Ich sach, aah ja, dat is ja ... als wär et gestern gewesen. Gab et da überhaupt schon Autos? Ich sach, pass ma auf, Änne, lass uns gar nich lange rumexperementieren. Weiße, wo wir gez hinfahren? Da sachte sie, Verkehrsübungsplatz? Ich sach, Änne, für manche isset der Verkehrsübungsplatz, für mich isset der Idiotenhügel.

Da kommen wir dahin, hömma, da war wat los! Der ganze Hügel voll mit Idioten! Ich sach, Änne, hier bisse richtig! Hier brauchse keine Manschetten haben. Dat sind alles so welche wie du.

Da ham wir ersma Anfahren geübt. Und direkt am Hügel mit Handbremse. Ich sach, Änne, am Berg muss du en bisschen mehr Gas geben und die Kupplung aber dann nich ganz so schnell kommen lassen, und in den winzigen Bruchteil von ein Moment, wo du dat Gefühl has, dat et gez klappen könnte, da musse die Handbremse lösen und die Kupplung schnacken lassen. Also ganz einfach!

Ja, jetzt stellte sich nach mehrere erfolglose Versuche raus, dat dat en Automatik war. Nee, ich hatte schon beim Hinfahren son komisches Gefühl. Ich sach, Änne, pass auf, kleine Korrektur, dat mitte Kupplung kannse streichen. Gib einfach Gummi!

Kaum hatt ich Gummi gesacht, schießen wir los wie der Silberpfeil persönlich! Und dann blühte die Änne auf einma richtig auf und entpuppte sich als flotte Biene. Die war kaum zu halten und sachte, gez brauch ich richtigen Verkehr! Und ehe ich mich versah, waren wir runter von den Hügel und rauf aufe Hauptstraße. Aber innerorts. Also, Tempo 50 war empfohlen worden vom Gesetzgeber. Und sie fuhr aber 60! Ich sach, Änne, kuck ma, wie viel du fährs! Wenn du hier die Grünphase mitnehmen wills, dann darfs du dich durch die Schilder nich unnötig irretieren lassen. Mit 80 packen wir die! Ich kenn die Ampelschaltung.

Und wie wir so mit 82, 85 ... lasset 90 gewesen sein – aber mehr auch wirklich nich, die Änne is doch kein Raser! –, da macht et Blitz! Und sie sacht, Herbert, wat war dat?! Ich sach, Änne, dat war dein Führerschein! Aber ... nur für einen Monat.

Ja, und jetz hat mein Frau mir dat praktisch abverlangt, weil ich angeblich die Änne angestiftet hätte, dat ich se en Monat lang überall hinfahr, wo se hinmuss. Und Sie glauben nich, wo sonne frische Witwe auf einma überallhin muss mit ihren Auto! Andererseits, ich komm gez *auch* gut rum. Gestern warn wir zum Beispiel bei de Fußpflege. Ja, wann war ich dat letzte Mal bei de Fußpflege?! Mein Gott, wat warn die da vonne Socken!

Feng Shui

Boh glaubse, et gibt doch mehr zwischen Himmel und Erde, als die Wissenschaft uns erklären kann!

Ich erzähl ma die Ereignisse im Ablauf von ihre Chronnelogie. Und zwar hatten wir jahrelang en Arbeitszimmer inne Wohnung. Ja, als die Kinder ausm Haus waren, stand der Raum leer, und da ham wir gesacht, komm, da machen wir gez en Arbeitszimmer draus. Und irgendwann is uns aber aufgefallen, dat da überhaupt nich drin gearbeitet wurde. Ich mein, wat auch?! Meine Frau is ja im Haushalt beschäftigt, und ich interessier mich für Sport. Tja, da bleibt keine Zeit fürt Arbeiten.

Und da dat Arbeitszimmer ne ganze Ecke größer war als wie dat Schlafzimmer, ham wir einfach gesacht, wir tauschen die, damit dat Zimmer auch ma richtig genutzt wird, weil, schlafen tun wir richtig viel. Und dat andere Zimmer kann endlich ma richtig auslüften.

Ja, jetzt hatten wir die Zimmer getauscht und hatten direkt inne erste Nacht ganz unruhig geschlafen. Ich sach zu mein Frau, komm, dat spielt sich ein. Aber inne zweite und dritte auch! Dat wurd immer schlimmer! Und nache 267ste Nacht sachte ich, Guste, jetz reicht et mir aber langsam! In den Zimmer is der Wurm drin! Hier is irgendwat, wat mich bekloppt macht!

Da meinte sie, vielleicht sind in dem Raum Energien, die uns nich guttun. Ich sach, wat sollen dat denn für Energien sein?! In dem Zimmer is doch jahrelang nix passiert! Ja, da fiel uns dann aber ein, wie schlecht die Kinder da immer geschlafen hatten. Wie oft kamen die aus ihren Zimmer immer raus und sachten, ich kann nich schlafen!

Und die Guste sachte, sie tät ein kennen, der sich mit so Energie-Klamotten auskennen tät, den Ying Yang, den Koch aus den Chinarestaurant. Ich sach, den aus den Lokus-Garten? Ja, der hätte alles aufe Pfanne: Tai-Chi, Chop Soy, Sheng Fui ... Da war ich ersma beeindruckt. Und sie sachte dann, dat dat Sheng Fui sonne Harmonielehre is, aber nich mit Noten, also Musik, sondern mit Möbel. Und der Ying Yang, der könnte inne Wohnung alles so hinstellen, dat nur noch gute Energien fließen täten.

Jetz kam der Vogel vorbei und sachte, guten Tag, Hell und Flau Knebel! Ich sach, Ying, wolln ma nich so förmlich sein, lass dat «Hell» ma weg! Du kanns ruhig «Helbelt» zu mir sagen! Ja, ich hatte dat direkt für ihm übersetzt. Und dann ham wir ihm dat «Ploblem geschildelt». Ja nu, ich kann auch nix dafür, dat die kein richtigen Deutsch kennen.

Jedenfalls hat er sich da ein Selbsversuch unterzogen und sich in unser Bett gelegt. Nach fünf Stunden kam er ausn Schlafzimmer und sachte, ich bin wie gelädelt! Ich sach, wat bis du?! Ich hatte den ers gar nich verstanden. Aber er meinte natürlich «wie gerädert».

Ja, und dann hat er sich so an verschiedene Orte in unsre Wohnung gestellt und ersma nur so gespürt und alles wirken lassen. Und dann hat er immer so dat Gesicht verzogen, wenn er wieder schlechte Energien mitgekricht hatte. Besonders schlimm muss et inne Nähe vom Schuhschrank gewesen sein, nach seine Grimasse zu urteilen.

Und dann hat der angefangen, unsre Bude von links auf rechts zu drehen: Möbel total verrückt, dann hat er unsre Blume ... weggeschmissen, und dann hat der en paar Wasseradern aufgespürt, im Bad und eine direkt hinter de Spüle. Mach man gar nich glauben, wat die alles rauskriegen!

Ja, wat soll ich sagen, schlafen tun wir gez wieder bombig! Aber ansonsten is dat en bissken gewöhnungsbedürftig. Et is ja nix mehr an seinem Platz. Wat mich am meisten stört, is, dat der Fernseher mim Bild zur Wand steht. Aber wenn man davorsitzt, merkt man doch, wie die Energien fließen!

Gesundheitscheck

Boh glaubse, jetzt isset so weit! Ich soll mich mehr bewegen! Meinte auf jeden Fall mein Arzt. Ja, da stand Aussage gegen Aussage, weil, ich war schon der Ansicht, dat ich mich genug beweg.

Ich war eigentlich nur zur Routine da. Nee, nee, auf meine Gesundheit, da achte ich schon drauf! Ich geh regelmäßig, alle 20 Jahre, zum Scheck-ab. Dat lass ich nich schlurren. Da bin ich son 150-Prozentigen!

Auf jeden Fall hatte ich jetzt wieder Termin. Da ham die ersma mein Blutdruck gemessen. Und da sachte die Sprechstundenhelferin, oh, oh, oh! Ich sach, wie, «oh, oh, oh»? Ja, der wär ganz schön hoch. Ich sach, jaa, von nix kommt nix!

Da meinte sie, ich sollte ma ne Kniebeuge machen. Ja, die verlangen ja heute immer irrere Sachen inne moderne Medizin. Als ich dann mit die Kniebeuge fertig war, musst ich mich ersma setzen. Dann hatt se nochma Blutdruck gemessen und ging mit dat Ergebnis einfach schweigend raus.

Fünf Minuten später kam se mit Verstärkung wieder,

und zwar in Form von den Doktor. Er sachte, er wollte sich mich ma ankucken. Ich sach, ja bitte, hier I am! So als Scherz, näh, um ihm son bissken die Scheu zu nehmen vor de Promminenz.

Und dann wollte er sich nochma von mir die Kniebeuge vormachen lassen, weil die Sprechstundenhelferin ihm wohl gesacht hatte, dat se sowat inne Praxis noch nich gesehen hätte. Ich sach, Herr Doktor, weil Sie et sind! Und dann hab ich ihm meine Kniebeuge vorgeführt.

Ich muss sagen, dafür, dat et die zweite am gleichen Tach war, is die mir gut gelungen. Da gibt et aber andere Männer, die nich so schnell inne Knie gehen. Und dem Arzt blieb auch der Mund offen stehen.

Und er sachte dann, Herr Knebel, so geht et nich weiter, Sie müssen unbedingt wat für Ihre Fitness tun, sons ham wir nich mehr lange Spaß miteinander! Ich denk, wat will der denn?! «Spaß miteinander»! Will der dich jetz hier verführen?! Der is doch verheiratet!

Auf jeden Fall sachte er, ich müsste ma mein sportliches Interesse wieder wecken. Ich sach, Herr Doktor, da machen Se sich ma keine Sorgen, wenn einer sportliches Interesse hat, dann ich! Bundesliga, 2. Liga, Champions League, Europa League, DFB-Pokal, Nationalmannschaft, hin und wieder sogar Frauenfußball ...

Da sachte er, nee, er würd da mehr so an den aktiven Teil denken. Nur Zukucken würd an Bewegung nich reichen. Ich sach, jetz unterschätzen Se ma den passiven

Part nich! Ich glaub, Sie ham gar keine Ahnung von Fußball! Wat meinen Sie, wie oft ich aufspring bei son Spiel?! Nich nur bei Tor. Jaha, sondern auch Latte, Pfosten, Foul, Abseits, Schwalbe ... Ich bin doch 90 Minuten in Bewegung! Und da is noch nichma die Nachspielzeit mit drin. Und wehe, et geht inne Verlängerung oder Elfmeterschießen!

Und dann inne Halbzeitpause die Rennerei zum Kühlschrank, schnell Pipi machen, dabei die ganze Zeit den psychischen Druck, den Anstoß nich zu verpassen. Dat geht ans Eingemachte! Ich sach, wissen Se wat, Theorie hin oder her, wir kucken ma zusammen ein Spiel! Und dann hab ich ihn eingeladen.

Tja, danach war der fix und fertig! Und außerdem so besoffen, dat ich en Taxi kommen lassen musste. Vorher hab ich ihn aber noch ne Kniebeuge machen lassen und ihm sein Blutdruck gemessen. Ich sach, oh, oh, oh! 120 zu 80! Dat is doch nich normal nach sonnem Spiel! Dat würd ich ma überprüfen lassen! Ja, meiner war 200 zu 210. Ich sach, dat is en Blutdruck!

Gleitsichtbrille

Boh glaubse, so langsam find ich mich wieder zurecht. Ich war orientierungslos. Aber nich im Kopp, sondern bei wat sich davor abspielt. Ja, ich hab jetz ne neue Brille, oder sagen wir ma, neue Gläser. Dat Gestell hab ich behalten. Da trenn ich mich nie von! Dat Gestell und ich, dat is ne Einheit. Wir sind mittlerweile praktisch mitenander verwachsen.

Ja, dat musste auch der Optiker feststellen. Dat war ne richtige Herausforderung für den. Die mussten mit drei Mann beikommen! Einer hat mein Kopp fixiert, also mich im Schwitzkasten genommen, die andern beiden ham gezogen, einer links, einer rechts. Und irgendwann hatten se se aber abgetrennt. Schade eigentlich, dat Gestell war so schön eingewachsen! Ich konnt sogar damit en Koppstand machen!

Auf jeden Fall hab ich jetz auch Gleitsichtgläser. Man muss dazu sagen, ne starke Leseschwäche hab ich ja schon länger. Ich hab ja immer heimlich unter de Bettdecke Josefine Mutzenbacher gelesen. Mitte Taschenlampe im Mund. Die Hände mussten ja frei sein, also ... für Umblättern.

Verdirb dir nich die Augen!, sachte meine Mutter damals schon, und Hände über de Bettdecke! Ja, dat hat se immer so aus Quatsch gesacht, sie wusste ja, dat ich ... umblättern musste. Ja, und Jahre später musst ich meiner Mutter recht geben. Ich hatte mir tatsächlich durch die Josefine Mutzenbacher die Augen verdorben. Ja, und nich nur die Augen! Irgendswie war der ganze Charakter beschädigt.

Jedenfalls braucht ich schon ganz früh ne Lesebrille. Weit kucken konnt ich noch gut. Aber dat nahm dann inne letzten Jahre auch ab. Dat erste Ma is mir dat so richtig aufgefallen im Stadion, wie ich aufgesprungen bin und «Tor» geschrien hab. Da war ich leider der Einzigste gewesen. Und der neben mir sachte, setz dich hin, der war doch drüber, du Blindfisch!

Oder die Tage, da hab ich ausm Fenster gekuckt und sah so in einige Entfernung wat Weibliches angestiefelt kommen. Und denk so, dat is aber en scharfes Geschoss und pfeif so nach sie. Ja, da kommt die näher, da seh ich, dat dat meine eigene Frau is. Da war natürlich die Freude groß, also ... bei ihr, dat ich sie angepfiffen hatte. Na ja, und spätestens da war mir klar, jetz brauch ich auch ne Brille für Weitkucken! Ich bitt Sie, wenn man die eigene Frau nich mehr erkennt, dat kann ja zu ganz kuriose Verwicklungen führen.

Ja, da bin ich nach unsern Optiker, zu den Erwin Glaser. Dat is son Brillen- und Fensterscheibenfachgeschäft.

Alles rund ums Glas. Der hat dann mit mir son Sehtest gemacht und war völlig vonne Socken. Er meinte, dat wär ja en Wunder, dat ich noch zurechtgekommen wär, und eigentlich hätt ich schon en Hund gebraucht!

Und dann hat er mir ne Gleitsichtbrille verkauft. Er sachte, je nachdem, wie Se den Kopp halten, könn Se beides, nah und weit. Und ich würd praktisch zwei Fliegen mit eine Brille schlagen.

Ja, und als ich die Brille dann dat erste Ma aufhatte, is mir direkt total schwindelig geworden, und ich bin noch im Optikergeschäft lang hingeschlagen. Aber er meinte, dat is im Anfang normal. Da gewöhnen Se sich ganz schnell dran!

Ja, und mittlerweile, muss ich sagen, hab ich mich wirklich dran gewöhnt, also, dat tut gar nich mehr weh, wenn ich hinfall. Weiße, auch schomma so ne halbe Treppe runterstürzen oder ausm Bus nich aussteigen, sondern rausfallen, dat steck ich mittlerweile alles ganz locker weg, dank meine neuen Gläser!

Grusel-Dinner

Boh glaubse, neulich waren wir endlich ma wieder eingeladen gewesen, mein Frau und ich. Ja, dat kommt mittlerweile nur noch sehr, sehr selten vor. Ich weiß au nich, wat die alle gegen mein Frau haben. Ich kann nich viel Schlechtes über sie erzählen. Sie is halt, wie se is, und da scheiden sich wohl die Geister dran.

Egal, auf jeden Fall hatte uns der Kurt Harras mit sein Frau zum Essen eingeladen, aber nich zu sie zu Hause und auch nich nach ein normalen Schnellrestaurant, sondern – wie drückte der Kurt sich aus? – zu eine Event-Gastronomie.

Ja, dat sachte mir ersma nix. Ich sach, Kurt, is dat denn auch lecker und genug?! Nich, dat dat sowat für Magersüchtige is! Da kann mein Frau ganz ungemütlich werden! Aber er meinte, mach dir ma keine Sorgen, ihr werdet schon auf eure Kosten kommen! Ich sach, wie, «Kosten», ich denk, du has uns eingeladen!?

Na ja, an dem Abend holten se uns ab mit ihre Karre, und dann ging et ab in eine Ecke, wo ich noch nie war. Sonne ganz verlassene Gegend. Irgendwann hörten die

Straßenlaternen auf und dann auch die Straßen. Und als ich schon dachte, der Kurt hätt sich verfranst, sachte er, so, gez sind wir da! Und wir standen da vor son altes Gemäuer. Ich sach, Kurt, wie heißt der Schuppen denn, «Am Arsch der Welt»? Aber er sachte nur, lass dich überraschen!

Da sind wir da rein, und dat Personal von den Event kam mir irgendswie komisch vor. So dunkle Augenringe, weißen Teng, alle son bisskem Zahnfleischbluten … Die sahen aus wie ausgebuddelt.

Ich denk, wie lange malochen die schon hier am Stück?! Die könnten aber auch ma wieder Frischluft vertragen! Und Mindestlohn! Ja, die waren nämlich für Personal unmöglich angezogen. Praktisch Lumpen. Ich sach so leise zu die Guste, der Kurt, kanns ma sehen, wat dat fürn Geizkragen is!

Auf jeden Fall wurden wir dann zu unsern Tisch geführt. Und der ganze Raum war in son komischet Licht getaucht, mit so flackernde Kerzen, und dann war sonne komische Musik im Hintergrund, wo du denks, die von den Orchester werden da grade gequält. Und et roch auch son bisskem moderig, wo ich gedacht hab, hoffentlich kommt dat ausn Klo und nich ause Küche!

Und eine von die Ausgebuddelten servierte dann drekt en Apperretief in Form von ein Cocktail, wo se «Zombie» für sachte. Ich sach, danke, dat passt ja wie Arsch auf Eimer! Aber ich muss sagen, der Cocktail hatte et in sich!

Zumindest vonne Prozente her. Da sollten sich die Geldinstitute mit ihre Guthabenzinsen ma en Beispiel dran nehmen!

Nach dem Cocktail brachten se direkt den ersten Gang vom Menü: gebratene Blutwurst auf Schwarzbrot an Rote Beete ... dran. Ich denk, oh, dat sieht aber lecker aus! Und ich wollt grad so herzhaft in die Beete beißen, da stößt mein Frau ein spitzen Schrei aus und sacht, et hätt sie grad einer am Hals gepackt, mit sonne eiskalte Hand wie ausm Kühlschrank! Ich dreh mich so um, aber et war so schummrig, dat ich die Hand kaum vor Augen sehen konnte. Und der Kurt und sein Frau am Lachen. Ich denk, wat gibt et denn da zu lachen, ihr Blödmänner?!

Auf einma merk ich, wie sich son eiskalten Windhauch an mein eigenen Hals bemerkbar macht und mein Frau schon wieder schreit und sich wegen irgendwat inne Hose macht. Und dann hab ich auch gesehen, wegen wat. Neben sie stand nämlich einer als Skelett mit ne Sense inne Hand und sachte, guten Appetit!

Ja, spätestens da war mir natürlich klar, dat dat ganze Gegrusel mit zu den Event gehörte. Jetz hatte sich mein Frau aber so erschrocken, dat ein Stück von die Blutwurst sich im Hals quergestellt hatte und an zu röcheln fing, also ... mein Frau. Ich dachte ers, na, ob die Guste dat auch nur spielt und ein Teil von den Event is? Also, dat dat ganze für mich ne Überraschung sein sollte. Mein Frau hat ja früher schon immer viel Theater gemacht. Aber als dann ihre Gesichtsfarbe von Blau zu Violett wechselte, war mir klar, so gut kann die nich spielen! Dat is echt!

In dem Moment kam mir Gott sei Dank mein Erste-Hilfe-Kurs wieder hoch. Da hab ich die Guste umklammert und ihr von hinten die Wurst rausgedrückt. Ja, da gab et Applaus im ganzen Saal. Die dachten, wir wären beide Teil vonne Inszenierung.

Dem Besitzer war dat dann aber unheimlich peinlich, dat dat mit dem Erschrecken so gut geklappt hätte, und er sachte, et geht selbsverständlich allet aufet Haus! Dat hat er dann aber spätestens um 2 Uhr morgens bereut. Wat ham wir zugeschlagen! Zum Gruseln!

Guste und das Seepferdchen

Boh glaubse, wissen Se, wat ich die Tage ers wieder erfahren hab? Ne Ehe is wie ne Wundertüte. Die Partnerin kommt immer noch mit wat raus, wat man inne Tüte gar nich erwartet hat.

Und zwar hab ich jetzt rausgekricht, durch en ganz lustigen Zufall, dat die Guste gar nich schwimmen kann. Dat is doch der Hammer! Ne ausgewachsene Frau!

Dat hab ich nie gewusst! Obwohl, so im Nachhinein, da gab et doch einige Situationen, wo ich et hätte merken müssen. Zum Beispiel war auf keinen von ihre Badeanzüge en Schwimmabzeichen drauf. Mein Gott, meine Badehose is doch en Sammelsurium von sportliche Leistungsnachweise: Frei- und Fahrtenschwimmer, Jugendschwimmzeichen, DLRG, BVB ... Die ganze Buxe wird doch nur noch durch die Abzeichen zusammengehalten. Und bei de Guste, nix!

Oder früher, wo ich noch hinter sie her war und wo ich sie öfter ma eingeladen hatte nachn Baggerloch, weil ich ja baggern wollte bei sie, da is die nie mit im Loch gegangen, also ... Wasser.

Oder auch, wenn ma so Urlaubsplanungen anstanden, da hieß et immer: Nich nachn Meer, lass uns inne Berge fahren! Nur einma isse am Meer mitgefahren. Ja, Totes Meer.

Auf jeden Fall waren wir die Tage jetz im Stadtbad. Ja, weil, die Stadtwerke hatten uns einfach dat Wasser abgestellt und wohl vergessen, dat wieder anzustellen. Und weil et langsam schon son bisskn müffelig wurde inne Wohnung von unsre Ausdünstungen, sind wir dann im Hallenbad gegangen, um uns endlich ma wieder zu waschen.

Und wie wir reinkommen inne Schwimmhalle und so am Beckenrand entlanggehen, hab ich se so aus Scheiß ein mitgegeben und sie im Becken geschubst. Und ich kuck sie so hinterher und wunder mich, wie gut die Guste tauchen kann. Und auf einma schoss sie hoch, winkte so mit ihre Arme, und bevor ich überhaupt zurückwinken konnte, war se schon wieder abgetaucht. Ja, und dann datselbe Spielchen nochma.

Auf einma steht der Bademeister neben mir, zeigt so auf mein Frau und fragt, kann die schwimmen? Ich sach, da geh ich doch ma schwer von aus. Sons wär dat ja purer Leichtsinn, wat sie da macht. In dem Moment fiel mir aber ein, dat *ich* sie ja zu Wasser gelassen hatte, und dann kam ich im Grübeln, weil, ich hatte se ja noch niemals schwimmen gesehn.

Und da bin ich reflexartig nach sie gesprungen oder,

besser gesacht, auf sie drauf. Ja, gerade als sie wieder im Auftrieb war. Ja nu, ich konnte sie nich so richtig sehen, weil meine Brille zwischenzeitlich ziemlich stark beschlagen war. Jetz bin ich bei mein Rettungsversuch wohl so unglücklich auf mein Partnerin aufgeschlagen, dat ich mir irgendwat am Steiß verknackst hatte, sodat ich jetz selber auch noch zum Rettungsfall wurde.

Und wie wir beide, mein Frau und ich, gemeinsam den Tod vor Augen, in einem letzten verzweifelten Versuch nach dem Bademeister winken, da steht der auf einma mitten im Becken neben uns! Und dat Wasser geht ihm aber nur bis zum Bauchnabel. Ich denk, boh, is der groß!

Da packt der uns am Kragen, stellt uns aufe Füße und sacht, mein Gott, wat seid ihr doof! Hier kann man doch stehen! Und wie wir schon dachten, er würd uns wegen Doofheit rausschmeißen, legte er so fachmännisch die Hand auf meine Frau und sachte: Sprung vom Becken-rand, bestimmt 25 Meter geschwommen, Kopp unter Wasser, Ring hochgeholt – und schlug ihr so scherzhaft auf ihre üppige Taille –, herzlichen Glückwunsch, See-pferdchen bestanden!

Ja, und jetz is mein Frau wie infiziert. Jetz peilt se Bronze an. Na ja, aber ob ich mit aum Einer geh, um se reinzuschubsen? Nachher bricht der ab, der Einer.

Ich-und-Du-AG

Boh glaubse, die Tage hat mich der Manfred Ölschläger aufgesucht. Ja, da war ich ersma verdutzt, weil, ich hatte den Manfred bestimmt schon ... ach, ne ganze Woche nich mehr gesehen! Ansonsten krisse den eigentlich bei uns inne Siedlung immer zu Gesicht. Dat is einer, der is umtriebig, der is immer wat am Machen. Der hat immer irgendwelche Projekte am Laufen.

Und er sachte auch direkt, Herbert, ich hab ne Idee, kann ich ma kurz reinkommen, weil, ich muss da en bisschen länger ausholen. Und dann hat er ausgeholt: Er hätte für seine Idee im Moment schon ne Ich-AG und hätte gez aber überlegt, da en Zweiten dazuzunehmen und praktisch ne Ich-und-Du-AG dadraus zu machen. Und der «Du» könnte ich sein!

Dat klang ja ersma verlockend! Dann hab ich mich aber gefragt, wieso ich der «Du» sein soll und nich er?! Ich sach, Manfred, wie wär et denn, wenn du der «Du» wärs und ich der «Ich»? Dat scheint mir logischer. Ja, da wollte er sich aber trotz alle Logik nich drauf einlassen, weil er meinte, er müsste vorne stehen, weil er ja schließlich die Geschäftsidee hätte.

Ich sach, Manfred, lass uns hier nich unnötig streiten, pass auf, Kompromiss: Ich bleib «Ich», und du bleibs «Du», und wir machen ne Du-und-Ich-AG dadraus mit mich als «Ich» hinten und dich als «Du» vorne. Da meinte er, ich wollte ihn wohl übern Tisch ziehen. Er müsste auf jeden Fall «Ich» bleiben, sons wüsste er ja gar nich mehr, wer er wär.

Ich sach, mein Gott, Manfred, jetz sei doch nich so uneinsichtig! Du bleibs doch «Ich»! Dat is doch nur aum Papier, dat du da «Du» bis. Sons kriegen wir sofort Stress beie Industrie- und Handelskammer, dann wissen die doch gar nich mehr, wer wer is. Da sachte er, dat wüsste er jetz schon nich mehr.

Und da läuteten bei mir natürlich sofort die Alarm-glocken aufgrund seine sich jetz schlagartig offenbarende Inkompitenz, und ich geriet im Zweifel, ob er denn über-haupt en adäquaten Geschäftspartner für mich wär?! Ich mein, schließlich ging et ja um wat! Und da war ich kurz davor, alleine ne Ich-AG zu machen. Ich sach, Manfred, wenn du nich empfänglich bis für sachliche Argumente, dann zwings du mich doch praktisch dazu, mich von dir unabhängig zu machen. Dann zieh ich dat Ding alleine durch! Dann kannse aber kucken, woe bleibs, und dat is mir dann scheißegal, wer von uns «Ich» oder «Du» is!

Ja, da stand er auf, schmiss die Tür und sachte noch so

im Rausgehen, wir sehen uns vor Gericht! Da wollen wir ma kucken, wer den Kürzeren zieht, ich oder du?!

Ja, aber dann kam nix mehr. Da war ganz viel heiße Luft um nix! Aber im Nachhinein tät mich doch ma interessieren, wat dat wohl für ne Idee gewesen war und warum ich da nich selbs draufgekommen bin?!

Indisch essen

Boh glaubse, ich bin ja ein ganz großer Freund vonne internationalen Küche! Egal wat für ne Nationalletät sich dahinter verbirgt, Hauptsache lecker! Ach, wo war ich nich schon alles als Gast spachteln: Wiener Wald, Balkan-Grill oder zum Beispiel Chinese, hier bei uns umme Ecke, der Lokus-Garten, oder beim Italiener, bissken bei de Geldwäsche behilflich sein, oder beim Griechen, um die Wirtschaft anzukurbeln, oder Döner bin ich auch nich fies für, und einma waren wir sogar französisch in sonne Krepiererei.

Aber wat ich noch gar nich kannte, war Inder. Jetz hat bei uns aber die Tage einer aufgemacht, son indisches Restaurant, «Beim Gandhi». Und inne ersten Woche ham die direkt, um Kunden anzulocken, en Sonderangebot rausgehauen: Der zweite Gast zahlt nix, aber nur, wenn der erste wirklich wat isst. Ja, und da wollten wir da ma hingehen und sind aber schon vorher im Streit gekommen, wer denn von uns der zweite Gast is. Und dann ham wir uns aber auf mich geeinigt, weil ich ja normalerweise für drei essen kann. Also, mehr sparen geht nich!

Ja, da kamen wir da rein, da war da schon ordentlich wat los. Ein Gedränge wie inne Fußgängerzone von Kalkutta! Und wir hatten noch Glück, weil gerade unmittelbar en Tisch frei geworden war, weil einem Gast schlecht geworden war. Ja, sowat is wirklich Pech! Da is Angebotswoche, du kriss noch so mit Ach und Krach en Tisch, und dann macht einen der Organismus en Strich durche Rechnung. Tja, des einen Leid is dem andern sein Freud!

Und wir sind dann auch inne Karte schnell fündig geworden, weil, da waren viele Sachen dabei, da wusste ich gar nix mit zu verbinden. Und zwar hatte sich die Guste für «Schnitzel Bombay» entschieden und ich für «Lammcurry». Jetz fragte der Kellner uns, als wir dat bestellt hatten, wie scharf soll dat denn sein? Ich sach, wie, «wie scharf»? Dat müsst ihr doch wissen! Soll ich mich da jetz anne Fritöse stellen und den Würzvorgang überwachen?! Sacht ich so aus Quatsch, näh. Und der Inder-Ober meinte dann, sie hätten drei Stufen: scharf, sauscharf und wahnsinnig scharf. Ich sach, dat is ja unglaublich! Da meinte er, jaja, auf besonderen Wunsch könnten se auch «unglaublich scharf».

Und weil ich mir die Currywurst immer extrascharf machen lass und da wirklich kaum wat merk, sachte ich, dann mach ma «wahnsinnig scharf», und meine Frau mach einfach nur scharf! Dat reicht für die. Ja, und ich hatte mir dann noch en original indisches Bier bestellt, son Hümallaja-Pilsener – dat hieß wirklich so! –, und für die Guste en original Krefelder.

Jetz kam dat Essen, und dat, ach, dat sah richtig schön aus! Und mein Frau sofort, Herbert, deins sieht ja besonders gut aus! Darf ich ma kosten? Ich denk, mein Gott, jedes Ma datselbe! Ich sach, Guste, jetz iss doch ersma dein Bombay! Da hing se aber schon mitte Gabel in mein Lamm. Und dieser kurze Moment der Gier hat mir höchstwahrscheinlich dat Leben gerettet!

Die Guste hatte kaum den Bissen im Mund, da lief die bunt an. Weiße, wie sonne Lavalampe, die immer die Farbe wechselt. Zuers wurd die knallrot, dann kalkweiß mit son Hauch von Grün dabei, dann wechselte se zu Violett, dann ergossen sich Schweißbäche aus ihre Poren und sogar Rauch ause Ohren! Ich denk, oh, kommen bei de Guste die Wechseljahre wieder zurück?! Da nahm die sich auf einma ihr Krefelder und zischte dat auf ex weg. Und ich war noch mit meine Verdutzung beschäftigt, da hatte die schon dat Hümallaja-Pils mit ein Zug inhaliert. Da war ich ersma schwer beeindruckt. So kannte ich meine Frau gar nich, als Kampftrinkerin.

Da rutscht die vom Stuhl, robbt durch dat halbe Restaurant, schubst son Labberador zur Seite und schleckt auf allen vieren dat Wasser ausm Hundenapf! Und wie ich grad so dabei bin, mir den letzten Bissen von ihrn Schnitzel Bombay zu genehmigen, denk ich, mein Gott, wie kann man sich nur so gehen lassen!?

Also, unterm Strich, muss ich sagen, war die Angebotswoche für uns en Flop. Ja, dat zweite Essen wurd ja gar nich verzehrt! Na ja, komm, ein Getränk war ja umsons. Dat von dem Hund.

Karneval

Boh glaubse, dieses Jahr, da hab ich mich nochma auf wat eingelassen, wo ich eigentlich gar nich so für bin. Und zwar: Karneval!

Ich hatte bei son Preisausschreiben zwei Karten gewonnen für ein Maskenball in Düsseldorf. Dat war der dritte Preis. Eigentlich war ich ja scharf gewesen auf den vierten Preis. Dat war nämlich eine Karte für Preußen Münster gegen die zweite Mannschaft von Borussia Dortmund. Hab ich schon ewig nich mehr gesehen, die beiden Krücken-Ensembles. Aber dann isset leider der dritte Preis geworden.

Ich wollte da ers gar nich hin, aber dann hat mein Frau massiven Druck gemacht. Ich sach, Guste, wat sollen wir denn da?! Nich lustig isset auch bei uns zu Hause. Aber da schmeckt dat Bier wenigstens! Da sachte sie, sei doch nich so negativ! Ja, da hatte sie mir mein eigenen Wind ause Segeln genommen. Jetz musste ich mein Frau ja beweisen, dat ich positiv bin, und dann hab ich mich, Gott sei Dank, muss man im Nachhinein sagen, drauf eingelassen.

Ich hatte dann nämlich die tolle Idee, als Marco Reus

zu gehen! Einfach BVB-Trikot angezogen und Führerschein zu Hause gelassen. Aber trotzdem gefahren!

Und die Guste hatte aus ihre Jugendzeit noch en Krankenschwesterkittel, en Häubchen und ne Taschenlampe. Sie ging dann als Nachtschwester. Ja, dat Häubchen passte noch wie früher, die Taschenlampe auch, aber der Kittel ... oh lala! Da blieb aber nix mehr der Phantasie überlassen!

Ich sach, Guste, wir gehen auf en Maskenball und nich nache Reeperbahn! Da sachte sie schon wieder, sei doch nich so negativ! Da hatt ich aber langsam den Kaffee auf!

Na ja, und dann sind wir auf nach Düsseldorf. Als wir im Saal reinkamen, wurden drekt en paar von die Narren aufmerksam. Ja nu, wenn son BVB-Spieler mit seine persönliche Krankenschwester aufläuft, dat erregt schon wat, also ... Aufsehen.

Die dachten wahrscheinlich, 'na, is der Reus schon wieder verletzt? Die wussten ja, dat ich er war. Ich hatte ja beim Reinkommen direkt meine Brieftasche gezeigt mit kein Führerschein drin. Da musste ich auch direkt die ersten Autogramme geben. Ich muss sagen, so lass ich mir Karneval gefallen!

Und dann ham wir uns ersma untert Volk gemischt. Auf sonnem Maskenball, da is ja schon ne bunte Mischung, also ne irre Artenvielfalt, zu beobachten, um ma en Begriff ause französische Evolution zu benutzen.

Ja, viele hatten sich als Aggressor verkleidet: Ritter, Pirat, Cowboy oder Steuerprüfer und andere wiederum als Indianer oder Blondine, also verfolgte Minderheiten. Und da is mir so aufgefallen, dat son Maskenball ja auch ne Möglichkeit darstellt, sein wahres Ich zu zeigen, ohne anzuecken.

Ja, wenn jetz einer als Ritter geht, der aber im richtigen Leben, wat weiß ich ... Urologe is, dann kann der ja sein Rittertum im Beruf gar nich ausleben. Wenn da inne Praxis einer sitzt für Prostatavorsorge, und da kommt dann der Arzt mit Kettenhemd und Eisenhandschuh rein und sacht, dann wolln wir ma! Ja, hömma, da hat der doch ruck, zuck nur noch ganz wenige Patienten!

Ja, und wir saßen dann neben nem Eskimo und nem Oberarzt. Ich kam dann ziemlich schnell mit dem Eskimo im Gespräch. Der kam aus Castrop-Rauxel und war dem BVB sehr zugetan. Ja, der Verein hat ja Fans aufe ganzen Welt, warum nich auch bei Naturvölkern?

Und während ich da mit dem Eskimo am Fachsimpeln war, kricht ich auf einma mit, wie der Oberarzt anfängt, mein Frau abzuhorchen. Ich denk, Freundchen, du kriss wat zu hören! Und da hab ich mir ihm sein Stethoskop gepackt und da reingebrüllt, BVB! Da mussten die en Notarzt kommen lassen, weil dem Oberarzt angeblich die Ohren klingelten. Und bevor et dann wieder durch Presse gegangen wär, «der Reus blablabla», ham wir uns da stickum vom Acker gemacht.

Und wat soll ich Sie sagen, aufe Heimfahrt, kurz bevor wir zu Hause waren, kommt dat, wat kommen musste: Polizeikontrolle! Getrunken hatt ich ja nix, et gab ja nur Altbier, jetz wollte der aber den Führerschein sehen. Ich sach, Helau, Herr Wachtmeister, Reus mein Name, Marco Reus!

Da sachte er, ah ja, dann haben Sie ja gar keine Fleppe, lachte sich eins und wünschte uns noch ne gute Weiterfahrt. Ich vermute ma, er hatte sich nur als Polizeikontrolle verkleidet. So is Karneval, da kannse keinem trauen!

Ja, und als wir dann zu Hause waren und die Guste sich so runterbeugte, um mir en Bier ausm Kühlschrank zu holen, da platzte ihr der Kittel. Tja, da war ich dann richtig positiv! Und dann hatten wir eine Nacht, da kann der Reus nur von träumen!

Kindergeburtstag

Boh glaubse, die Tage kam eine von meine Nachbarinnen, und zwar die Monika Piel. Dat is ne sehr erfolgreiche alleinerziehende Mutter von ein Kind. Dat macht die wirklich toll! Und die hat ja noch en Fulltime-Job, wo se ihren Mann steht. Na ja, wenn man kein hat ... Und zwar is sie Key-Account-Managerin. Ja nu, warum nich? Is ma wat anderes.

Und sie kam wegen ein Notfall-Anliegen bei mir klingeln und sachte, Herr Knebel, können Sie mir ause Patsche helfen? Ich sach, dat kommt ganz auf die Patsche an. Ja, sie hätte grad son Kindergeburtstag am Laufen von ihre Tochter, die Emma-Sofie, und gez hätt sie aber grade en Anruf gekricht, dat se wegmüsste für nachn Priority-Meeting. Ich sach, oh, dat hört sich aber ganz schön wichtig an! Frau Piel, lassen Se mich raten, Sie brauchen jemanden, der Sie kompitent vertritt. Genau, sachte Sie, drückte mir die Haustürschlüssel inne Hand und meinte, ich wüsste ja, wie man mit Kinder umgeht. Ich sach, Moment, so hab ich dat eigentlich nich gemeint! Ja, da war se schon weg.

Jetz stand ich da mim Schlüssel inne Hand und den Blagen anne Backe. Ich denk, Herbert, dann ma rein in die Höhle von des Löwen! Da komm ich da rein, da war da ersma ziemlich still fürn Kindergeburtstag, nur son piep ... piep, piep ... Ich denk, wat is dat denn?! Ham die sich da an Herzgeräte angeschlossen? Ja, da hingen die natürlich alle vor son Computer und waren sich am Abschießen. Ich denk, die Rasselbande, die mischte ma auf!

Ich sach, Kinder, jetz is Schluss mit lustig! Jetz is Kindergeburtstag! Wir machen gez ma en paar richtige Spiele! Da hatt ich se drekt alle auf meine Seite. Hab ich gedacht. Aber die kuckten noch nichma hoch, sondern piepten weiter mit ihre Herzgeräte.

Ich denk, Herbert, da musse einfach ma mit guten Beispiel vorangehen. Zeichse se ma, wie man mit Eiern läuft. Ause Küche hab ich mir dann en Löffel und en Ei geholt und hab die dat vorgemacht. Nachm dritten Ei lief dat auch ganz gut für mich. Ich hatte richtig Spass! Ich hätt se alle nassgemacht. Ja, aber bei die Geburtstagsgesellschaft kam dat nich gut an. Die glotzten aum Computer und sachten, geh uns nich aufe Eier, du Mumie! Ich denk, na gut, wenn nich Eierlaufen, dann vielleicht Sackhüpfen.

Dann hab ich von mir ause Wohnung en Müllsack vonne Stadt Essen rübergeholt. Den hatt ich eigentlich für mein Frau reserviert. Ja, dann bin ich im Sack gegangen und bin so demonstrativ an die vorbeigehüpft wie son Känguru im Dschungel. Und im Vorbeihüpfen hab ich immer gerufen, na, wer kann dat auch?! Um die zu motivieren. Und dann hatt ich mich aber bei ein Vorbeihüpfer so unglücklich in dat Computerkabel verfangen, dat ich lang hingeschlagen bin und dabei dat Kabel ause Wand gerissen hab, mitsamt Steckdose und Putz.

Hömma, da war richtig Stimmung inne Bude. Da ham die Blagen sich kaputtgelacht. Bisse festgestellt haben, dat der Computer nich mehr lief. Ich sach, Kinder, ja und gez?! Gez müssen wir spielen! Und da kam tatsächlich der Vorschlag, Cowboy und Indianer. Da war ich natürlich in mein Element und hab gedacht, jetzt hab ich se so weit!

Dann ham wir gespielt, dat ich der einzichste Cowboy bin, umzingelt von eine wilde Indianerherde. Und ich muss sagen, die konnten wirklich geschickt mim Lasso umgehen! Ruck, zuck hatten die mich am Fernsehsessel gefesselt und mir den Stadt-Essen-Sack übern Kopp gezogen. Und dann muss einer von die kleinen Hacker den Computer wieder in Gang gekricht haben, weil, nachn paar Minuten hörte ich von unterm Sack wieder dies piep ... piep, piep.

Ja, nach drei Stunden kam dann die Frau Piel zurück und hat sich tausendma entschuldigt, dat dat Meeting so lang gedauert hätte. Sie müsste aber trotzdem nochma ganz kurz weg zu ein Eros-Ramazzotti-Konzert. Hätte se ganz vergessen, dat se da noch Karten für hat. Aber sie würd schon sehen, ich hätte ja wohl alles im Griff. Und der Fesseltrick mit der Tüte überm Kopp, Respekt, sehr spektakulär! Auf sowat würden die Kinder ja stehen. Und bevor ich überhaupt noch irgendwat sagen konnte, war die schon wieder weg. Und dann hab ich mich irgendwann mit unheimlich viel Winden und Geschick selbs befreit, wat bei den Kindern auf große Anerkennung gestoßen is.

Tja, am nächsten Tach werd ich aufe Straße angesprochen mit, aah, der große Entfesselungskünstler Knebel! Da würd ich mein Name aber alle Ehre machen! Ich denk, wat is denn gez los?! Ja, da stellte sich raus, dat die Saublagen dat mit ihre Handys gefilmt hatten und bei YouTube im Internet reingestellt hatten: Oppa macht sich frei.

Ja, 123 000 Klicke in ein Tach! Und wat soll ich Sie sagen, ich bin jetz der Star inne Siedlung! Ich hab schon die ersten Angebote ausn Varieté gekricht. Näh, manchma denk ich bei mir, mein Gott, Herbert, wat du anpacks, wird zu Gold!

Klüngelskerl

Boh glaubse, manchma macht man sich ja Gedanken in Sachen, wo man von alleine gar nich draufkommen würde. Wo ein die Realität praktisch zu zwingt.

Und zwar kam die Tage bei uns wieder der Klüngelskerl durchgefahren. Ich weiß nich, ob Se mit dem Begriff überhaupt wat anfangen können in Ihre Region. Andernorts sacht man auch Lumpensammler oder Schrotti. Und die fahren ja immer so im Schritttempo durche Siedlung, so datte noch Zeit has, dein Schrott auszusortieren und anne Straße zu stellen.

Und damit man auch mitkricht, dat er kommt, macht er schon von weitem auf sich aufmerksam mit seine Melodie. Ich weiß nich, wat dat bei Sie is, bei mir is dat: *(singt)* Dada da da da, dada da da da, dada da da da da ... Immer wenn der kommt, immer dieselbe Melodie: Dada da da da, dada da da da ... Und ich denk, mein Gott, der könnt doch auch ma zwischendurch wat anderes auflegen als immer nur Dada da da da ...!

Ich mein, ich versteh schon, warum der dat macht. Is

klar, an die Melodie sollse den wiedererkennen. So wie et Polizei oder Feuerwehr ja auch macht. Wobei die Melodie da noch einfacher is. Dat is ja nur Tatütata. Ja, aber is wenigstens mit Text! Und dat hörse ja auch nich lange, dat Tatütata, weil die meistens mit ein Affenzahn durch sind.

Aber die Melodie von dem Klüngelskerl, dieses Dada da da da, dada da da da, dat hörse ja bestimmt minutenlang, wenn der mit sein Schneckentempo durche Siedlung zockelt. Ja, aber wenn der gez wat, wat weiß ich, vonne «Zauberflöte» spielen tät, wie ging dat noch? *(singt)* Jodelodelattat tatat taatat tatat taaaa, jodelodelattat tatat taatat tatat taaaa ... Da würden se alle denken, häh?! Wat kommt denn gez für einer?! Aber so is klar, Klüngelskerl!

Ja, und ich hab mich gefragt, wat macht dat auf Dauer mit den Gehirn von den Klüngelskerl, wenn der immer nur diese eine Melodie hört, dieses Dada da da da, dada da da da ... Dat muss den doch wahnsinnig machen! Dat macht mich ja schon bekloppt, nur vom Erzählen dadrüber!

Und dat geht ja für den nach Feierabend noch weiter. Wenne die Melodie, dieses Dada da da da ..., wenne dat acht Stunden lang gehört has, da krisse die doch nie mehr ausm Kopp! Da findse die nachher selber gut und kaufs dir die noch als CD. Dat is Gehirnwäsche bei 90 Grad! Irgendwann is der Keks weich gekocht.

Ja, so funktioniert dat doch auch mit Karnevalsmusik.

Dat muss man nur oft genug vorgespielt kriegen, zum Beispiel Humba humba humba täterä! Wat ja textlich auf en ähnlich anspruchsvollet Niveau is wie Tatütata. Wer singt denn sowat aus freien Stücken?! Außer Kevin Großkreutz und Lukas Podolski.

Also, ich find, der könnte ruhig ma wat anderes auflegen, wo man *auch* weiß, gez kommt er, zum Beispiel Heavy Metall. Dat tät ma passen! Aber da könn wir wohl lange drauf warten. Und bis dahin heißt et immer wieder nur: Dada da da da, dada da da da dada da da da da da ...

Königliche Hochzeit

Boh glaubse, bei uns überm Sofa hängen immer noch die Käthe und der Willi, da dieset Prinzenpaar. Aber nich Karneval, sondern die echten aus England! Obwohl, die da mit ihre ganzen Blaublütigen, dat is für mich auch ne Art von Karneval. Jedenfalls hängt dat Paar da seit die ihre Hochzeit damals. Ich sach, Guste, jetz nimm die doch ma runter, die gammeln ja schon! Aber war nix zu machen. Die hat an die einfach ein Narren gefressen.

Mein Gott, wat war dat ein Hallas, als die sich damals getraut haben! Dat lief auf vier Programme gleichzeitig. Überall die gleichen Bilder, nur mit andere Kommentierer. Und alle hamset gekuckt. Außer mir! Ja, ich krich von sowat Augenkrebs.

Obwohl, da die Käthe Mittelton, die sah ja ersma nich verkehrt aus für ne Frau. Aber er?! Ich hätt den nich genommen an die ihre Stelle. Na ja, vielleicht muss der ers anständig geküsst werden, dat aus den noch wat entsteht, wat man gez noch gar nich so sieht. Dat der im Moment noch Frosch is oder im Übergang von Amphibie zu Prinz. Da müsste et jetzt langsam ma so weit sein. Mein Gott, wat ham die Guste und ich geknutscht inne erste Zeit. Wir waren doch ein einziger Knutschfleck!

Jedenfalls, bei die Zerremonie, da war mein Frau hin und weg. Von beide! Die saß da mit ihre ganzen besten Freundinnen, dat Wohnzimmer ganz auf England getrimmt. Alle hatten se ne Fahne, also ... ne englische, und et gab Fischli und Chips.

Ich sach, oh, wat is denn hier los?! Da meint die Guste, hier is anlässlich vonne Hochzeit «British Brunch». Heute is alles wie in England, Darling. Ich sach, übertreibt ma nich, ihr Girlies! Nich, dat sich der Papa heut Abend auf Linksverkehr umstellen muss! Da sacht mein Frau, weiße, so ganz vornehm, piss off, you motherfucker!

Und dann faselten die die ganze Zeit wat von «wie romantisch»! Ich sach, dat is doch nich romantisch! Dat is doch ein Antichronismus in unsre heutige, aufgeklärte, demokratische Zivilisation, dat et immer noch Königshäuser gibt! Und nich nur die Häuser von die, sondern auch die Mieter, also die Könige, Königinnen und der ganze bucklige Rattenschwanz, der da dranhängt: Prinzessinnen, Prinzen, Zofen, Butler und Kammerjäger.

Ich bitt Sie, wir können lebendige Organe verpflanzen, wir können ganz viele Informationen auf ein Chips machen, wir können die Natur mannepolieren und sogar kaputt machen, wir schießen Leute zum Mond, und dat Adelspack is immer noch hier!

Kucken Se ma, wo et dat noch gibt! Dat is ein manchma gar nich so bewusst. Man denkt immer, nur die Engländer sind noch so bekloppt. Aber von wegen: Spanien, Norwegen, Schweden, Holland, Belgien, Monaco, die ham auch alle ein unter der Krone.

Ich mein, wir in Deutschland hatten ja auch ma en Arschpiranten aufn Thron, den Karl-Theodor. Aber dann hamsen ja beim Fuschen erwischt, und dat war et dann für ihm. Dann ham wir noch Kaiser Franz, Prinz Poldi, den Burger King und Roland Kaiser. Dat sind aber alles keine richtigen Adligen, dat sind mehr nur so Prominente.

Auf jeden Fall, diese ganze Fatzination von den Adel lässt sich doch nur dadurch erklären, dat et Frauen gibt. Weil die weibliche Psyche doch den ganzen Glamour und Lametta erlegen is. Wat für uns Männer Fußball is, dat is für uns Frauen dieser ganze königliche Killefit. Wissen Se, wat die beste Zeit zum Einkaufen is? Wenn im Fernseh wieder ma sonne Hochzeit von die gezeigt wird. Da sind die Supermärkte wie leergefegt. Da können Se so mim Einkaufswagen durchrollen. Da is nichma ne Kassiererin. Is klar, die kuckt sich auch die Verheiratung an.

Aber dat liegt eben dadran, dat Frauen diese starke romantische Ader haben. «Ganz in Weiß mit einen Blumenstrauß», dat is doch die wahre Hymne vonne Frauenbewegung. Und zwar sehen die in den Akt vonne Trauung dat Ideal verwirklicht, wat se sich für sich immer als

Höhepunkt gewünscht haben. Also, dat ein Prinz kommt und sie aus ihrn Elend erlöst. Also, dat et für Putzen, Spülen, Waschen und Kinderkriegen Personal gibt.

Dat is für mich nich Romantik, dat is eisenhartes Kalkül! Für mich gibt et nur eine Sache, wo Romantik und Adel eine untrennbare Einheit bilden. Dat is König Fußball! Denn erregiert die Welt.

Labertasche

Boh glaubse, et wird ja oft über die Kirche geschimpft, aber ich muss sagen, die Kirche hat auch sein Gutes, wie ich selbs erfahren durfte.

Und zwar geht et um einen Bekannten von mir, den Horst K. aus Gelsenkirchen-Horst. Ja, da is schon der ganze Stadtteil nach ihm benannt worden! Der Horst is ein Typ, der is nur am Quasseln wie sonne Strippe. Wenn der bei dir zu Gast is, dann denkse, du hätts en Rapper aufe Bude, nur ohne Musik dabei. Ja, der soll schon Leute ins Koma gerappt haben!

Der quatscht wie son Wasserfall, ohne Punkt und Komma oder auch Semikolon. Wobei ich bis heut noch nich weiß, wo dat Semikolon jetz genau gesetzt wird. Ich hab dat früher zwar bei meine Aufsätze oft benutzt, immer dann, wenn ich nich wusste, ob Punkt oder Komma richtig is, dann hab ich gedacht, nimmse ma besser beides, aber war auch manchma falsch.

Aber wie gesacht, bei den Horst kommen Satzzeichen sowieso nich vor. Normalerweise vermeide ich den Kontakt zu ihm. Ich mein, ich bin an für sich ja en sehr geselliger Mensch. Ich bin eigentlich für Unterhaltungen jeglicher Art offen, aber mit dem Horst, da kann man ja von Unterhaltung gar nich sprechen. Dat is ne einseitige Dauerbeschallung. Da kommse gar nich zum Zug bei dem.

Weiße, andere müssen ja schomma Luft holen, wenn die reden, und da kannse dann dazwischengrätschen, aber der Horst, der hat sonne Art Umluftverfahren entwickelt. Wahrscheinlich hat er sich dat bei Frauen abgekuckt. Ich weiß nich, womit der atmet. Der muss irgendwo noch en paar Kiemen sitzen haben.

Dat is schon immer, wenn der anruft, dann sach ich direkt, Horst, dat is gez Pech, ich bin aum Sprung, ich werd abgeholt, dat muss jeden Moment klingeln! Und dann geh ich nache Tür und klingel selber, mim Hörer inne Hand, dat der Horst dat auch mitkricht. Und dann täusch ich im Flur so Gespräche vor mit Nachbarn, die aber gar nich da sind, nur so fiktive, wo ich dann sach, ach, Frau Struckmann, wat gibt et denn Wichtiges?! Und sie sacht dann, Herr Knebel, komm Se ma schnell kucken, bei mir leckt irgendwat!

Ja, oder ich lass schomma ein vonne Stadtwerke kommen in meine Phantasie. Dat macht mir manchma richtig Spass! Da inszenier ich dann ganze Theaterstücke mit mehrere Personen, die ich aber alle bin. Und dann sach ich zwischendurch in den Hörer rein, Horst, hörse, wat hier los is?! Ich muss Schluss machen. Vor einige Zeit hab ich dat ma einma nich gemacht, und da is mir noch während des Telefonats mim Horst dat eine Ohr abgefault. Da musst ich wochenlang mit Kamille spülen.

Jedenfalls, neulich klingelt et, und ich frag so in die Sprechanlage, wer da is, und da sacht eine Stimme, der Geldbriefträger! Und bevor mir einfiel, dat et die ja gar nich mehr gibt, hatt ich schon reflexartig aufgedrückt und die Hand aufgehalten. Ja, da stand er da, Horst K., dat verbale Schnellfeuergewehr aus Gelsenkirchen!

Jetz konnt ich ja nich selber bei mir klingeln und en Termin vortäuschen, und da hatt ich ihn am Hals oder besser gesacht am Ohr! Hach, dat war grad wieder so schön verheilt! Da hab ich überlegt, wo kannse gez mit ihm hin, wo er die Klappe halten muss? Und dat Erste, wat mir einfiel, war Kirche.

Aum Weg dahin hat er mich wieder vollgelabert, dat mein Ohr schon wieder anfing, sich zu entzünden. Boh, da hab ich aber drei Kreuze gemacht, als wir in die Kirche reingegangen sind! Ja, aber meins du, der wär da ma still gewesen?! Nix! Der Pfarrer am Beten und der Horst ohne Gnade am Rappen! Und als der Pfarrer dann fragte, ob einer vonne Anwesenden wat zu beichten dabeihätte, dachte ich, Herbert, dat is deine Chance! Und ich sachte, Herr Pfarrer, ich hab den Horst dabei! Tja, und dann hab ich ihn im Stuhl abgegeben und mich verdünnisiert.

Ja, und dann bin ich nach en paar Tagen zufällig

nochma an die Kirche vorbeigegangen, und da hing da
en Schild anne Tür: Wegen Geschäftsaufgabe dringend
Nachmieter gesucht!

Lifting

Boh glaubse, wissen Se, wat ich gez erfahren hab? Der Karl Kaspersky, der hat sich liften lassen! Dat muss man sich ma vorstellen! Als Mann! Ja, sach ma, wo leben wir denn?! Ich mein, son Mann hat dat doch gar nich nötig! Wat bei den zählt, is doch Humor, Intelligenz, Geld, Status, aber auch Ansehen. Da is dat Aussehen doch egal! Also, mir jedenfalls.

Ja, kucken Se sich doch viele angesehene Männer ma an, wie die aussehen! Boris Becker, Boris Karloff, Frank Ribbery, Silvio Berlusconi ... Und trotzdem ham die eine abgekricht. Manchma sogar mehrere. Na gut, der Karl is gez nich gerade mit Humor und Intelligenz gesegnet. Und Geld hat der auch nich. Vermutlich is ihm deswegen auch vor kurzem seine Frau stiften gegangen.

Auf jeden Fall, neulich hatt ich ihn getroffen und hatte ihn aber ers gar nich erkannt. Der sprach mich an, und ich wusste gar nich, wo ich ihn gez hinstecken sollte. Dann hab ich ihn aber an sein Sprachfehler erkannt. Er hat son bissken Schwierigkeiten mit dem K, wat bei sein Name, Karl Kaspersky, schon Probleme macht.

Ich sach, Karl, wat is denn mit dir passiert?! Da sachte er ganz stolz, er hätte sich untert Messer begeben in eine Spezialklinik für Lifting. Ich sach, Karl, da fällt mir aber en Stein vom Herzen! Ich hatte schon gedacht, dich hätten se ganz übel aufgemischt! Ja, wat weiß ich, auf eine von deine Ü-50-Partys, wo du gez immer baggern gehs, seitdem dich deine Olle verlassen hat.

Der sah aber auch aus! Wie einer vonne Klingonen! Kennen Se die noch, die Aliens von «Raumschiff Enterpreis»? Ja, der sah wirklich son bissken außerirdisch aus. Oder wie so diese Raumfahrer, die in sonne Zentrifuge sitzen, um zu trainieren für nachn Weltall zu fliegen. Wo die Maske so ganz nach hinten weggezogen wird.

Ich sach, Karl, warum has du dat denn überhaupt machen lassen?! En Kerl wie du! Ja, er würd gez noch ma angreifen. Ich sach, Karl, wen wills du denn angreifen?! Da sachte er, dat weibliche Geschlecht. Er säh ja jetz praktisch 20 Jahre jünger aus und würd sich auch so fühlen!

Ich sach, findse? Da versuchte er, mit sein Kopp zu nicken, und meinte, er hätt sogar schon mehrere Einladungen gekricht. Ich sach, sicher, für «Raumschiff-Enterpreis-Partys»! Da sachte er, jetz werd ma bloß nich pampig! Dat solltes du auch ma machen! Man muss heute nich mehr so rumlaufen wie du! Und ich hätte mir ja zumindest schomma die Hose liften lassen können, die hätt ja voll Hochwasser. Ich muss sagen, da war ich doch überrascht von sein Humor.

Ja, zu Hause war ich dann aber doch son bissken verunsichert und hab mich ma vorn Spiegel gestellt und mitte Hände dat Gesicht nach hinten gezogen, ja, um ma son Eindruck zu kriegen, wat so machbar wär.

Und wie ich so vor dem Spiegel steh, seh ich im Spiegel meine Frau, wie die mich im Spiegel sieht. Und sie sacht, wat machs du denn da fürn Scheiß?! Du siehs ja aus wie der Karl Kaspersky, den alten Schlüpferstürmer! Ich sach, Guste, woher is der dir denn geläufig?! Da sachte sie, der wär bei jede Ü-50. Ich sach, wie, du gehs zu Ü-50?! Du bis doch schon eher en Fall für U-Hu. Unter Hundert!

Ja, da hatten wir uns schon wieder inne Wolle! Und alles nur wegen Karl, den Klingone.

Mister Hit

Boh glaubse, die Tage war bei uns Sperrmüll, also, die Nachbarn, die Lindemanns, hatten den bestellt, hatten aber kaum wat abzugeben. Da hab ich gedacht, mein Gott, dat is ja für die Entsorgungsbetriebe auch enttäuschend, wenn die da extra mit son großes Auto vorbeikommen, und dann stehen da nur drei Stühle. Und dann hab ich mich in sonne Nacht-und-Nebel-Aktion da mit drangehängt. Ja nu, wat soll ich machen, an so Punkte schlägt immer wieder meine soziale Ader mit durch.

Und is auch richtig wat zusammengekommen. Besonders froh war ich, dat ich die ganzen Altlasten losgeworden bin. Ob die dat am Recycling-Hof angenommen hätten, dat wag ich aber auch zu bezweifeln.

Auf jeden Fall, wie ich bei die Ausmistung da so am Wühlen war, da seh ich auf einma, wie er dasteht: Mister Hit! Der Traum von meine Jugend! Kennen Sie den noch? Die Schallplattenspieler-Kompaktanlage. Da war die Box im Deckel intrigiert. Genial! Dat war dat Nonplusultra inne 60er und 70er Jahre. Wenne den hattes, dann warse ganz weit vorne! Und ich *war* ganz weit vorne, weil, ich hatte den ja. Und eine Schallplattensammlung, die seinerzeit seinesgleichen suchte!

Ich hieß auch damals bei uns inne Klicke selber Mister Hit, weil ich auf jede Party mein Mister Hit dabeihatte. Der war ja tragbar. Und dann hab ich aufgelegt. Ich war damals einer vonn ersten Disco-Jockeys. Heute heißen die ganzen Vögel DJ Motte, DJ Kotze, DJ Popo ... dat hat doch alles kein Niveau!

Ich war ja damals noch mein eigener Ansager. Ich hab mir dann oft so kleine Geschichten ausgedacht zu die Hits. Zum Beispiel bei «In se year 2525» von Säger und Evans, da hab ich so die Lautstärke ers ganz leise gelassen und gesacht, so, gez kommt ein Lied von ause Zukunft, wo erzählt wird, wie scheiße alles wird, aber Leute, wir lassen uns von den Säger die gute Laune nich vermiesen und von den Evans schon gar nich! Schwingt die Hufe! Und dann hab ich aufgedreht.

Oder wenn ich ma wat Romantischet gespielt hab, da hab ich gesacht, Leute, fasst euch an, Augen zu und durch, jetz wird gefummelt! Und hier sind sie, se best Fummel-Singers vonne Welt, die Bee Gees mit ihren Zungen-brecher «Messerschuhschitz»! Und wenn dat Stück am Ende war, hab ich gesacht, apropos «Zungenbrecher», jetz kommt der Kracher: «Zapperdack» von Dave Dee, Doofi, Vicki, Mick und Tisch! Zapperdack, karakakorakakara-kack ... Jaa, damals hatten die Texte noch Hand und Fuß!

Ja, und irgendwann wollten die Leute im Prinzip nur noch meine Ansagen hören auf die Partys. Dat hätt ich vielleicht weiterverfolgen sollen, da wär aus mir noch wat geworden.

Auf jeden Fall, wie ich da inne Garage den Mister Hit inne Finger hatte, da hattet bei mir wieder angefangen zu jucken. Ich denk, aah, da isset wieder, dat alte Jucken! Und dann hab ich für nächsten Abend drekt ne Garagenparty organesiert. Die war ja jetz frei. Und da waren se alle da, da war richtig gute Stimmung! Da flog die Kuh! Da hab ich nochma die ganzen alten Scheiben aufgelegt, mit Ansage!

Und irgendwann fiel mir aber auf, dat die Lindemanns gar nich da waren, die Nachbarn mit den vielen Sperrmüll. Ja, und dann sachte einer, die wären wohl am Morgen verhaftet worden wegen Umweltverschmutzung. Ich sach, sisse, kanns ma sehen, immer schön den Müll trennen und dann sowat!

Ich bin dann aber am nächsten Morgen aufe Polizei gegangen und hab ausgesacht, um se zu entlasten, dat ich wohl inne Nacht ... ein gesehen hätte, der da wat beigestellt hat.

Modernes Kaffeetrinken

Boh glaubse, die Tage, da bin ich in son modernen Kaffeeladen reingeraten von sonne amerikanische Kette. Ja, ich war unterwegs gewesen und krichte auf einma unterwegs en totalen Kaffeebrand. Ich weiß nich, wat ich getan hätte für ne Tasse Kaffee! Zum Glück war da direkt en Laden, wo Coffee-Shop draufstand. Heut is ja alles in Englisch. Aber damit konnten se mich nich verwirren. Ich kann ja mittlerweile ganz gut Englisch. Und da bin ich da rein bei Starbux.

Drinnen stand ich drekt inne unheimliche Schlange. Bestimmt so vier, fünf Mann. Boh, und ich hatte ja einen Brand auf Kaffee! Und der Vorderste inne Schlange – der war son junges Mädchen – diskutierte stundenlang mit den Kaffeezapfer. Ja, und da kricht ich mit, dat die richtig am Flirten waren. Mitten inne Bestellung!

Da hab ich zu die andern gesacht, lassen Se mich ma durch, ich bin Arzt! Dat is en Notfall! Und zack stand ich auf Platz zwei! Und die andern hinter mir sich am Aufregen. Wat bis du denn fürn Arzt?! Ich sach, Narkosearzt, du Opfer! Ja, dat hab ich von meine Enkeln gelernt. Da war aber Ruhe im Kartong von Starbux!

Zwischenzeitig hatten die beiden endlich ein klargemacht, und ich war anne Reihe mit meine Bestellung. Ich sach, Tach, Kaffee! Da sacht der Bedienung, herzlich willkommen bei Starbux, mein Name is Sandro, wat kann ich für dich tun? Ich sach, Tach, Sandro, ich bin Herbert, und ich wiederhol mich ungern. Kaffee! Da sacht er, Herbert, wie hättes du gerne dein Kaffee, tall, large oder extra large? Ich sach, oh, Sandro, jetz hasse mich aber kalt erwischt! Jetz ma unter uns, wat schmeckt denn besser? Nimm large, sacht er, dat nehmen die meisten. Ich sach, wehe, der schmeckt nich! Dann krisse von mir aber ein – pass auf, Sandro, gez kommt et! – gelatscht! Da sachte er furztrocken, wat fürn Flavour hättes du denn gerne? Ich sach, nee, nee, Sandra, äh ... Sandro, nix Flavour! Wir hatten uns ja schon auf Kaffee geeinigt. So weit warn wir ja schon.

Da sacht er, jaa, aber welche Geschmacksrichtung? Ich sach, wie, welche Geschmacksrichtung?! Knoblauch-Nuss! So aus Scheiß, näh? Worauf er wieder bierernst sachte, wir ham Latte, Kappeschino, Itäljen Steil, Frensch Press, Weit Mokka, Expresso ... Ich sach, Meister, Kaffee! Und gib mir bloß kein Muckefuck! Oder sacht ihr Amerikaner dafür Mackifack? Da hat er dann aber auch son bissken geschmunzelt in sein Mundwinkel, die dröge Nuss! Wat die Olle an den gut gefunden hat?! Für mich wär der nix. Ich käm nich auf den zurecht.

Ja, aber anstatt er gez mit den Kaffee ausn Quark kam, ging dat weiter mit seine Befragung! Möchtes du den Kaffee mit Vanille, Karamehl oder Haselnuss-Taste? Ich sach, hömma, is dat hier ne Quizsendung?! Ich sach, hau en Schuss Büchsenmilch in die braune Brühe und lass die Plörre endlich rüberwachsen! Und gez kommt der Hammer! Da fragt er mich allen Ernstes, ob ich ihm instore oder to go haben wollte?!

Und da hatte ich den Kaffee auf! Ich sach, Sandro, komm, lass stecken! Dat wird nix mit uns. Du kanns mir nich dat geben, wat ich brauch. Wir sollten uns trennen, bevor sich wat Ernsthaftes draus entwickelt.

Ja, und da bin ich aus den Starbux raus und direkt in den Schibo rein. Und da hab ich mir dann schön Schneeketten gekauft und en neuen Duschvorhang! Dat nenn ich Kaffeegeschäft!

Nachtwanderung

Boh glaubse, die Tage, da hab ich mir ma wat ganz Besonderes vorgenommen: Pädagogik! Aber nich für mich, sondern für meine Enkeln. Ich muss sagen, dat ging mir immer mehr aufn Geist, dat die da nur noch vor ihre Computer rumgehangen haben. Und dann hab ich mir überlegt, wie krisse die vonne Computers weg?

Ja, der erste Schritt war ganz einfach: Sicherung raus! Da hättse die ma sehen müssen! Die wussten auf einma gar nix mehr mit sich anzufangen. Ich sach, tja, Kinder, dat mit dem Stromausfall, dat liegt nich in unserer Macht. Dat liegt anne Regierung. Die hatten dat ja angekündigt, dat et beim Strom zu Engpässe kommen kann.

Und dann hab ich ein Vorschlag ause Tasche gezaubert, der von langer Hand vorbereitet war: Nachtwanderung mim Oppa! Ich hab gedacht, da kannse die Enkeln mit schocken. Und die waren auch geschockt! Dann ham wir ersma Rucksack gepackt, um draußen inne Wildnis überhaupt ne Changse zum Überleben zu haben: Taschenlampe, Fahrtenmesser, ne Dose Eierravioli, Feuerzeug, um die heiß zu machen, und en Flachmann. Und dann sind wir los, bei uns in Altenessen im Kaiserpark.

Ich sach, Kinder, tagsüber is der Kaiserpark ein Idüll für Naherholungssuchende, aber nachts zeigt er sein zweites Gesicht, die Schrecken vonne Finsternis, der blanke Horror! Ja, ich musste den Kindern dat Naturerlebnis ja als Zrill verkaufen.

Und et war auch wirklich unheimlich. Man nahm den Autoverkehr nur noch ganz schwach wahr, dafür aber an alle Ecken und Enden ein Rascheln, Knistern und Knacken und so Geräusche, wo man gar nich wusste, is dat gez Rascheln oder Knistern oder Knacken? Alles stockfinster, nichma Mond oder Sterne. Und wie wir uns so langsam ins Innere von den Kaiserpark vortasteten, sahen wir mitten im Stockfinstern auf einma en Schatten! Ich sach, Kinder, wenn da ein Schatten inne Nacht is, wo an für sich gar kein Schatten sein kann, dat hat nix Gutes zu bedeuten! Ab im Unterholz!

Und wie wir so auf alle viere durchet Gestrüpp am Kriechen waren, sacht die Jackeline auf einma, Oppa, wat stinkt dat hier so? Und et zog auch wirklich en tierischer Mief durche Sträucher. Ich sach, Kinder, wenn mich mein Spürsinn nich täuscht, dann muss dat en Iltis oder en Puma sein! Da sacht der Marzel, wohnt der Puma nich inne Berge? Ich sach, ja, Marzel, schon, aber wenn er da oben nix mehr zu beißen kricht, dann kommt der auch nach Altenessen.

Ja, da konntesse merken, wie se doch langsam Schiss krichten. Aber ich auch! Ich dachte ja, die Viecher wärn längs ausgerottet, und auf einma is einer von die im Kaiserpark! Und dann hörten wir auch schon son bedrohliches Knurren, nur son paar Meter vor uns. Ich sach, Kinder, jetz wird et ernst! Jetz gehts ums nackte Überleben! Marzel, mach die Raviolis auf! Vielleicht können wir die Bestie damit von unsern Körpergeruch ablenken. Und du, Jackeline, mach dat Feuerzeug an! Da ham die Angst vor. Und der Oppa nimmt den Flachmann, um sich Mut anzutrinken. Ja, sonne gute Survival-Ausrüstung, dat is dat Abc im Unterholz!

Und wie die Jackeline dat Feuerzeug anmacht, sehen wir auf einma dat Untier in sein ganzes Ausmaß vor uns liegen. Und wie ich da so hinkuck, denk ich, dat gibts doch nich! Da war dat der Erwin Multaub! Schon halb steif gefroren, natürlich sternhagelvoll und am Sägen, wat dat Zeug hielt! Und dann ham wir den mit dem Rest vom Flachmann und die Raviolis wieder beigeholt und ham den dann zu Hause bei seine Frau abgegeben. Und sie bedankte sich und sachte, ach, dat wär doch nich nötig gewesen!

Ja, und ich sachte so zu die Enkeln, da könnt ihr ma sehen, so unbarmherzig kann Natur sein! Wenn wir den Onkel Erwin nich gerettet hätten, hätte der Puma den geholt und aber vermutlich nich zu seine Frau gebracht. Und da waren die Enkeln ganz beeindruckt, dat sie in dieser Nacht, wo wie durch ein Wunder der dusselige Computer ausfiel, dat sie da ein Leben retteten!

Okay

Boh glaubse, ich hatte gez den letzten Termin! Und zwar waren dat ganz spezielle Termine. Ob Se et glauben oder nich, ich war bei ein Irrenarzt! Oder Psychologe, sacht man ja heute. Und zwar hat der sich auf ne ganz spezielle Angst spezialisiert, und zwar auf meine: Flugangst, also ... Angst vor Fliegen.

Also, et is gez nich so, dat ich Angst vor Höhe hab. Mir macht dat nix aus, auf ne Leiter zu stehen oder im Hochhaus. Weil ich dann über die Gerätschaft Bodenkontakt hab. Aber sobald ich inne Luft geh, dreh ich durch!

Jetz steh ich aber schon seit Jahren inne Pflicht, weil, unsre Hochzeitsreise steht immer noch aus. Ich hatte der Guste damals im Liebesrausch ne Fernreise versprochen und mich dann aber immer drum rumgedrückt. Na ja, aber vor kurzem is mir nochma im Sinn gekommen, wir sind auch nich mehr die Jüngsten, viel Zeit bleibt nich mehr, zumindest nich für sie. Ja, ich mein, die ganze Hausarbeit, dat schlaucht!

Und dann hab ich mir gedacht, komm, Herbert, bevor se aufm Sterbebett liegt und sacht, ach, die Fernreise, die hätt ich gern noch gemacht, und ich dann nur noch sagen kann, ja, die ... kommt doch jetz, da hab ich mir gedacht, dat kannse se nich antun. Und dann bin ich zu diesen Flugangst-Arzt gegangen.

Ich komm da rein bei den und sach, Tach, Patient Knebel, ich komm wegen Flugangst. Da sacht er so komisch langgezogen, okaaay. Ich sach, allein schon bei die Vorstellung von mich im Flugzeug krich ich Muffe! Verstehn Sie dat? Da kuckt er mich an und sacht wieder, okaaay. Ich sach, Sie müssen sich dat so vorstellen, ich krich Schweißausbrüche, da läuft mir die Suppe bis inne Kimme! Verstehn Sie die Situation, in die ich mich befind, wenn ich jetz fliegen tu ... oder täte? Da kuckt er zu mir rüber und sacht nochma nur, okaaay.

Ich denk, wat hat der denn immer mit sein scheiß «okay»?! Wat is dat denn fürn Arzt?! Kennt der nur ein Wort?! Ich denk, Herbert, weiße wat, jetz startesse ma en Versuchsballon. Jetz tuse ihn ma testen! Und ich sach so, eene, meene, motze, mim Finger inne Fahrradkette. Und wissen Se wat? Da sacht er allen Ernstes wieder nur, okaaay. Und da war mir klar, mit dem Psycho stimmt wat nich! Der hat ein am Appel. Dat färbt ja auch ab, wenn man den ganzen Tach mit Verrückte zu tun hat.

Ja, und dann hab ich mich ihm angenommen, weil mir klar war, der muss behandelt werden, bevor der mich behandelt. Ja, und durch gezielte Gesprächsführung hat er sich mir gegenüber dann geöffnet und seinen wunden Punkt gezeigt, in Form von seine Mutti! Ja, die bei ihm wohl einiges inne Kindheit vermurkst hat! Aber wir ham dat dann so nach und nach im Griff gekricht. Wenn ich dann inne nächsten Sitzungen von meine Flugangst gesprochen hab, dann sachte er auch schomma statt sein doofes «okay», ach!, näh!, is nich wahr!, boh! Hammer!, ich krich die Motten!, wat?!, leck mich an Arsch! ... hat er auch schomma hingekricht. Und wissen Se, wat er inne letzte Sitzung gesacht hat? Boh glaubse! Und da wusste ich, jetz isser geheilt von seine Okay-Krankheit!

Mein Gott, die deutsche Sprache hat doch so viele Wörter und damit verbundene Möglichkeiten, um seine Aufmerksamkeit und Zustimmung zu attickeliern! Demnächs geh ich ma bei uns inne Bäckerei runter, die Verkäuferin sacht immer dauernd «gerne». Da is doch bei die inne Kindheit auch wat schiefgelaufen!

Paartherapie

Boh glaubse, die Tage, da hab ich bei mir nochma en ganz anderes Händchen entdeckt für wat. Man sacht ja so: «Da hat der en Händchen für!» Wenn einer zum Beispiel handwerklich wat aufe Pfanne hat. Oder einer hat en Händchen für Kinder. Ja, da soll et ja wirklich einige geben, die mit die kleinen Racker zurechtkommen, ohne sich die Nerven zu ruinieren. Oder et gibt auch welche, jetz eigentlich mehr Männer, die son Händchen haben für Frauen, also ... in dem Fall brauchen die aber schon zwei Händchen. Mit Frauen hasse alle Hände voll zu tun!

Ja, und ich hab gez en Händchen entdeckt für Männer und Frauen! Also ... nich, dat Sie jetz denken, ich käm auf alles zurecht. Näh, sondern ich bin da mehr so in Sachen Wiedervereinigung erfolgreich gewesen.

Und zwar, der Ralf Abramczyck, der Ralle, und seine Frau, die Bettsy, die standen kurz vor de Scheidung. Da ging nix mehr! Die waren richtig nickelig mit sich. Sie hat ihm nur noch Sachen gekocht, wo er von furzen musste – also praktisch Rosenkohlkrieg –, und er hat sie

dafür im Badezimmer beim Schminken immer ange-
schubst. Die sah aus! Und so mussten die dann arbeiten
gehen! Er die ganzen Büroräume kontaminiert und sie
anne Kasse die Kunden erschreckt, dat die dachten, is
schon wieder Halloween?!

Ja, und durch diese Nickeligkeiten waren die dabei,
sich gegenseitig ihr Grab zu schaufeln. Er war im Büro
nich mehr tragbar und sie nich anne Kasse. Also, wenn
der Verdi nich gewesen wär, also ... der vonne Gewerk-
schaft, dann wären die achtkantig rausgeflogen.

Ja, wat tun?! En paar Paartherapeuten hatten se schon
verschlissen. Die hatten nach monatelange Therapiever-
suche dat Handtuch geschmissen oder zum Teil sogar in
Sack gehauen. Ja, bei den einen hängt gez son Schild inne
Tür, «Für immer geschlossen wegen Berufsunfähigkeit».
Die Abramczycks, die konnten sogar Psychologen an den
Rand des Wahnsinns begleiten!

Ja, und die Tage kam der Ralle in seine Verzweiflung
zu mir und sachte, Herbert, ich bin am Ende! Er stünd
kurz vor de Kündigung, keiner könnt ihn mehr riechen,
nichma er selbs, und seine Frau schon gar nich, also, er sie
jetz in den Fall. Und er würd mitte Bettsy Schluss machen
und sie mit ihn datselbe.

Ja, und jetzt kam nämlich mein Händchen zum Vor-
schein! Damit hab ich mir die beiden gepackt! Ich sach,
Ralle, ich komm morgen bei euch vorbei. Zum Essen!
Und dann reden wir ma mit alle Mann. Wobei dein Frau

ja gez kein Mann is. Dann hätten wir dat Problem ja gar nich. Und sach die Bettsy, ich wünsch mir nochma den leckeren Rinderschmorbraten von eure Hochzeit.

Ja, und da saßen wir da zusammen: der Rinderschmorbraten, der Ralle, die Bettsy und ich. Und irgendwie war direkt ne bessere Stimmung, wahrscheinlich weil er durch den Braten nich mehr pupen musste, und die Bettsy machte an für sich auch en entspannten Eindruck, wahrscheinlich weil die Hütte nich so vollgestunken war.

Ja, und dann hab ich dat Gespräch eröffnet. Ich sach, hört ma zu, ihr beiden! Ihr denkt vielleicht, et wär nix mehr zwischen euch, also ... wat euch verbindet. Aber überlegt doch ma! Ralle, du wills die Bettsy verlassen, und Bettsy, du wills den Ralle verlassen, und euer Arbeitgeber will euch beide entlassen. Wollt ihr euch dat gefallen lassen?! Mensch, ihr habt doch so viel gemeinsam! Ich würd mir wünschen, mein Frau und ich hätten so viel gemeinsam! Und ich sach, Ralle, kuck dich doch ma die Bettsy an! Richtig geschminkt wär die doch ... wat! Und Bettsy, wenn sich dat beim Ralle wieder mit die Verdauung einrenkt, dann weht hier auch wieder en anderer Wind!

Auf einma kuckten die sich an, ganz gerührt! Und die Tränen kullerten. Ich sach, so, ich lass euch beiden Verknallten ma allein. Ja, und da hab ich die Gunst vonne Stunde genutzt und mich vom Acker gemacht.

Sons hätt ich da womöglich noch den Tisch mit abräumen müssen. Und für sowat, da hab ich ja überhaupt
kein Händchen!

Paketannahme

Boh glaubse, gestern war bei mir der Teufel los! Da bin ich ma wieder Opfer von meine eigene Gutmütigkeit geworden. Und zwar hatten sich, glaub ich, alle inne Nachbarschaft wat im Internet bestellt gehabt, wat dann vom Paketdienst an Mann gebracht werden sollte. Und der Mann war ich! Ja, weil die ganzen Empfänger für die vorgesehene Empfängnis nich verfügbar waren, wat weiß ich, Urlaub, Arbeit, tot.

Dat fing schon morgens, in alle Herrgottsfrühe, um 11 Uhr an. Da saß ich grad beim Frühstück, und et schellt. Ich denk, wer klingelt denn da mitten inne Nacht?! Aber ich weiß au nich, wenn et klingelt, dann kann ich nich anders, dann muss ich wissen, wer der Klingler is, und aufmachen. Außer wenn gez Halloween is. Dann geh ich grundsätzlich nich anne Tür. Für son amrikanischen Dreck hab ich kein Verständnis. Süßes oder Saures ... egal, dat fress ich schön alleine. Ja, Mong Scherry mit Gewürz-gurke!

Aber gez war ja kein Halloween, und da hab ich auf-gemacht. Und da steht da ein Paketfuzzi mit nem Riesen-

Kartong und sacht, sind Sie so nett und nehmen den Riesen-Kartong an? Er hätt sich schon en Bruch gehoben, und gez wärn die Nachbarn von oben nich da. Jetz wollt ich nich so sein und hab dat angenommen. Mein Gott, war dat schwer! Ich denk, ham die Bekloppten sich Beton bestellt oder wat?! Ja, ich musste dat Paket mitten inne Diele stehenlassen.

Kaum sitz ich wieder, schellt et. Ich hin, da war dat wieder der Fuzzi, nur diesma mit en andern Paket. Die von unten wärn auch nich da. Ich sach, in Gottes Namen, stell et bei den Betonpaket mit bei! Und wie er dat so beistellt, raschelt dat Paket. Und er sachte dann auch, Vorsicht, da wärn wohl lebende Tiere drin! Ich sach, hoffentlich werden die bald abgeholt! Füttern tu ich die nich!

Tja, kaum sitz ich, schellt dat nochma. Da war dat wieder der Paketfuzzi! Die vonne Seite wärn auch nich da und ob ich dat für die von gegenüber gleich mit annehmen könnte, die wären erfahrungsgemäß nie da, und da müsst er nich nochma bei mir schellen. Er hätt jetz langsam nämlich auch den Kaffee auf! Ich sach, Kollege, da bisse ja weiter als ich! Na ja, jetz is auch egal, stell ab! Und wie er dat so abstellt, neben die Viecher und den Beton, seh ich den Absender, «Beate Uhse». Ich denk, «Beate Uhse» ... woher kenns du die Frau nochma? Aber ich bin nich auf sie draufgekommen.

Auf jeden Fall, wie der Fuzzi raus is, steht auf einma der Bofrost-Mann vor de Tür und wollt wat für die vonne gegenüberliegende Straßenseite loswerden. Und da ich grade in Nehmerlaune war, hab ich mir dat auch noch andrehen lassen. Hab aber sicherheitshalber auf dat Haltbarkeitsdatum gekuckt: April 2018. Ich denk, bis dahin werden die dat ja wohl abgeholt haben.

Und dann hab ich mich wieder an mein Kaffeetisch gesetzt und et tatsächlich geschafft, zu Ende zu frühstücken. Und beim Abräumen kricht ich auf einma mit, wie die Viecher in den einen Kartong en unheimlichen Rabatz machten. Ich geh so zu den Kartong und denk, samma, ham die Kohldampf, oder sind die am Rammeln?! Und wie ich so «rammeln» denk, fiel mir auf einma ein, woher ich Beate Uhse kenn.

Ja, und ich mein, dat Paket vonne Beate wär an eine Stelle schon son bisken aufgerissen gewesen. Ich denk, kuck an, der Paketfuzzi! Stille Wasser sind tief! Kuckse ma lieber, ob der nix kaputt gemacht hat. Am Ende fällt dat noch auf dich zurück. Und da hab ich da son bisken rumgefingert und en unheimlichen Otto von ein Dessous rausgefischt. Ich denk, hömma, der Otto is doch für die von gegenüber viel zu groß! Ja, die hat so ungefähr meine Figur. Und da hab ich den so übergezogen, um zu kucken, ob er se passt, der Dessous. Sons hätt ich ihr ja direkt sagen können, dat se ihn umtauschen muss. Aber der passte wie angegossen. Hätt ich nich gedacht, der sah ausgezogen größer aus.

Und wie ich so im Spiegel kuck, spür ich auf einma,

wie meine Socken nass werden. Ja, da war dat Bofrost-Zeugs da am Suppen! Da war schon sonne richtig kleine Pfütze aum Boden. In dem Moment machten die Viecher wieder Theater. Ja, und da hab ich dat Naheliegende getan und hab se einfach dat halbgefrorene Bofrost-Essen zum lutschen gegeben: Thaihuhn-Curry, Rosenkohl und Tiramisu. Besser kannset als Tier kaum antreffen!

Und wie ich da so inne Pfütze steh, noch immer mit die Reizwäsche an, und grad dabei bin, die Tiere mit die Thaihuhn-Schenkel zu befriedigen, geht auf einma die Tür auf, und mein Frau steht in ihr und kuckt total doof ause Wäsche. Und ich konnt nur noch sagen, Guste, et is nich dat, wat du denks!

Partnerbörse

Boh glaubse, vor en paar Tage war ich ma wieder in Sachen Beratertätigkeit unterwegs. Dat spricht sich ja immer mehr rum, dat ich en Händchen hab für Beratung. Ja, und die Tage hatte mich eine von unsre Nachbarinnen, die Vivian Sperber, zu sich mit reingenommen und ins Vertrauen gezogen. Und ich musste ihr hoch und heilig versprechen, über dieses Gespräch Stillschweigen zu bewahren. Ich sach, Vivian, du kenns mich, ich will tot umfallen, wenn ich davon weitererzähl!

Und zwar hatte sie mich um Rat gefragt wegen Männer. Sie hätt sich jetzt aus lauter Verzweiflung bei sonne Kuppelbörse angemeldet und auch schon Interessenten angelockt. Und sie wär jetzt aber total unsicher, mit wem sie sich verabreden sollte, weil, sie hätt ja so viel Pech gehabt mit Männer.

Ja, die Vivian hat wirklich Pech gehabt! Ihr erster Mann, der is eines schönen Tages mit sein besten Freund durchgebrannt. Die ham dann in Spanien en Hundefrisörsalon eröffnet. Ja, der muss wohl ganz gut laufen.

Ihr zweiter war Schalke-Fan und is sehr früh verstorben. Der hatte damals, in der Saison, wo die für vier Minuten Meister waren, hatte der vor Freude en Herzinfarkt gekricht. Für ihn en schöner Tod, muss man sagen. Aber leider umsons, weil, die waren ja nur für vier Minuten.

Der dritte war en ganz übler Zeitgenosse! Der is irgendwann mit ihren ganzen Schmuck abgehauen. Ich hab en dann ma einma zufällig Jahre später gesehn, aber ich muss sagen, der Schmuck, der stand ihm nich! Ja, und danach hat sich keine längere Beziehung mehr eingestellt gehabt für die Vivian.

Und dann hatte se mir die Kandidaten gezeigt, die se aufe Liste hat, schön mit Foto und Beschreibung. Und jetz kommt der Hammer, den ersten kannt ich direkt! Klein is die Welt! Ich sach, Vivian, lass die Finger von dem! Mit dem hab ich ma ne Nacht verbracht. Ja, aum Campingplatz in Jugoslawien. Der hat so geschnarcht, da is dat Laub vonne Bäume gefallen!

Dann kam sonne ganze Latte von Nieten, Schnorrern und Parasiten, und dann kam aber einer, der hatte mein Herz im Sturm erobert mit seine Beschreibung von ihm: wohlhabend, spendabel, fußballbegeistert und für jeden Spass zu haben! Ich sach, Vivian, den kucken wir uns an!

Und dann ham wir uns verabredet in einen Restaurant meiner Wahl, ja, und sie hat mich dann bei dem

Treffen als ihren Sohn vorgestellt. Und er kuckte mich direkt son bisksen skeptisch an, und ich hab aber drekt geschaltet, die Kappe schief gestellt und angefangen zu rappen. Und dat hat er dann geschluckt und mir en Eis bestellt.

Ja, und er hat sich dann wirklich als totaler Glücksgriff entpuppt. Wir ham uns den ganzen Abend blendend unterhalten, also, er und ich. Er offenbarte sich nich nur als fußballbegeistert, sondern auch als en Anhänger von den Verein, wo ich auch von Anhänger von bin. Und dann ham wir festgestellt, dat wir uns eigentlich schon ewig kennen. Und zwar waren wir nämlich 1982 beide bei den gleichen Pokalschlager und sogar im selben Stadion inne selben Kurve und beide besoffen! Sowat verbindet natürlich!

Irgendwann war er über unsern Erfahrungsaustausch aber doch sichtlich irritiert, weil die Vivian mich ja als ihren Sohn vorgestellt hatte. Und dann fragte er mich, wie alt ich eigentlich wär. Ja, und um nix Falsches zu sagen, wollte ich die Vivian nach mein Alter fragen. Hömma, da stellte sich raus, dat die gar nich mehr da war! Tja, Frauen, wenne se ma brauchs ...

Und da musst ich den kleinen Schwindel natürlich aufdecken. Da war die Vivian natürlich untendurch bei ihm, weil er sachte, mit sonne Lügnerin, da wollt er nix mit zu tun haben. Ja, und dann ham wir noch bis inne Morgenstunden auf seine Kosten gezaubert. Bin

ma gespannt, wen die Vivian sich als Nächsten aus-
kuckt!

Also, Leute, Partnerbörse, kann ich nur empfehlen!

Pferdeleidenschaft

Boh glaubse, die Tage, da bin ich wieder auf en Pfännomehn gestoßen. Ja nu, da stoß ich öfter drauf. Ja, Gott, ich hab viel Zeit und nix zu tun, da versuch ich halt, die viele Freizeit sinnvoll zu füllen. Und ganz viel Zeit bei der Verfüllung geht für Pfännomehne drauf. Und ein son Pfännomehn is die Leidenschaft von Frauen ... für Pferde. Dat is doch unglaublich, näh?!

Wer kennt dat nich, dat so Mädchen, wenn die Pubertät anfängt, dat die auf einma anfangen, sich für Pferde zu interessieren? Solange die klein sind, haben die Hamster, Meerschweinchen oder Kopfläuse, aber sobald dat mitte Hormone losgeht, kommen die auf Pferd. Jetz nich alle, aber ... fast alle.

Da wollen die auf einma Pferdebettwäsche haben, Pferdedecke, Pferdebilder anne Wand, Ferien aum Ponyhof und die einschlägige Fachliteratur: «Black Beauty», «Fury» und «Wendy». Ja, dat is dann sonne Phase, und wenn se verheiratet sind, is dat meistens weg. Dann tritt an die Stelle vom Pferd der Mann. Striegeln, füttern, reiten und, und, und.

Ich mein, et gibt auch Männer, die wat mit Pferde haben. Und sogar erfolgreich! Der Paul Schokomühle, Doktor Rainer Klimpke, Ivanhoe, hier, der Robert Redford, der Pferdeflüsterer. Aber dat sind Ausnahmen. Und lange Zeit dacht ich, mein Frau wär auch sonne Ausnahme. Ich kenn die ja schon ewig, und «Pferd» war da nie Thema. Ich mein, sie hatte ja mich! Ein Mann, den sie Pferd nannten!

Jetz hab ich aber neulich inne Wohnung so rumgestöbert aufe Suche nach Geld, und die Guste lässt an für sich in ihre Nachttischschublade gerne ma wat liegen. Und wie ich so da reingreif, stoß ich auf Hefte. Da war ich ersma schockiert. Und noch schockierter war ich, als ich gesehen hab, wat dat für Hefte waren, nämlich «Der kleine Pferdedoktor», «Reiterspiele», «Hoppe, hoppe, Reiter» und ganz viel «Wendy». Ich denk, wenn die ... dat gut findet, dann ...

Ja, und dann stellte sich nämlich raus, dat die dat gut findet!

Und dann fielen mir auch im Nachhinein so Situationen ein, wo ich mich schon gewundert hatte. Wo sie zum Beispiel ein Abend mit Stiefeln und Reitgerte durche Wohnung lief, und ich dachte, oh, frischer Wind im Schlafzimmer?! Aber als se dann nachn Bett kam, hatte se leider wieder ihren Bärchenschlafanzug an.

Und auch geruchlich, fand ich, war eine Veränderung in sie vorgegangen, ja, dat sie sonne Art Stallgeruch an

sich hatte, wo ich dachte, wat is dat fürn billiges Pafföng?!

Und auch die Musik, die auf einma bei sie lief, sprach
eigentlich Bände: «Es hängt ein Pferdehalfter anne
Wand», «Es steht ein Pferd aufm Flur» oder «Es pferd ein
Zug nach Nirgendwo».

Ja, und dann hab ich se zur Rede gestellt. Ich sach,
Guste, wat is dat hier mit dat ganze Pferdegedöns? Gehs
du fremd?! Und sie sachte, ich sollte nich son Geschiss
machen! Die Else Schmitz hätt mit 60 noch mit Inlei-
nern angefangen, die Ursula Walter mit Paragleiding,
und sie hätte eben wat mit Pferde angefangen. Dat hätte
sie sich schon immer gewünscht, aber im entscheidenden
Moment hätte se stattdessen mich kennengelernt.

Ja, und meine Vermutung is gez, dat dat wieder wat
mit Hormone zu tun hat. Dat dat Spätfolgen sind vonne
Wechseljahre. Aber warum, wieso und wozu?! Die Natur
gibt uns immer wieder Rätsel auf!

Philosophenstammtisch

Boh glaubse, ich hab gez ne Sache am Laufen, da könnt ich mich ärgern, dat ich da nich schon früher draufgekommen bin. Dat gibt mir so viel an Erfüllung und Befriedigung! Näh, näh, nich ne Frau oder so. Da hab ich ja schon eine.

Nee, ich bin jetz Mitglied von unsern, von mir gegründeten, Fillesofenstammtisch. Wir treffen uns einma die Woche inner «Alten Funzel». Dat is bei uns umme Ecke sonne Eckkneipe. Mit Wirtin, die Gisela.

Ja, wie bin ich draufgekommen, auf dieset Bedürfnis in mir? Dat is, weil, je älter ich werd – und dat passiert von Tach zu Tach mehr –, desto mehr konfrottier ich mich selbs mit Fragen, die ich früher gar nich hatte. Fragen wie: warum?, wohin?, wieso?, wat soll dat? oder auch häh?! Ja, wo man versucht, Dinge aum Grund zu gehen, die vordergründig vielleicht gar nich so erscheinen, aber wo sich dahinter wat verbirgt und wo sich dem Fillesofen schon wieder die Frage stellt, wat?

Und da versuchen wir eben Licht im Dunkeln zu bringen. Und deswegen haben wir als Tagungsort die «Alte

Funzel» ausgesucht. Wobei «Tagung» nich ganz stimmt, weil wir uns ja abends treffen.

Ja, und «wir» is in dem Fall ich. Dann noch der Ernst Pichel und der Oppa Hinze. Lange Zeit hab ich den falsch eingeschätzt. Da dacht ich, lass den ma ne Fliege verschlucken, dann hat der mehr Gehirn im Bauch als im Kopp. Ja, aber jetz hat der inne letzte Zeit en paar Weisheiten rausgehauen, da hab ich ihm gesacht, er wär schon en Kandidat für mein Fillesofenstammtisch. Zum Beispiel so Weisheiten wie: Halb besoffen is rausgeschmissen Geld. Da liegt so viel Erkenntnis drin, dat man sich glücklich schätzen darf, wennze so einen mit dabeihas. Ich sach, Oppa Hinze, Respekt! Ich trink Pils!

Ja, und manchma knüpfen wir uns auch so richtige Fillesofen vor, um zu verstehen, wie die so ticken. Zum Beispiel letzte Woche hatten wir uns Kant vorgenommen. Und ich muss sagen, oh lala! Also, dieset Zeitalter vonne Aufklärung, nich von schlechten Eltern! Ich hatte den lange Zeit verkannt, diesen Kant, beziehungsweise ich kannte den gar nich, bis der Oppa Hinze sachte, kennt ihr den schon? «Wat du nich wills, dat man dir tut, dat füg auch keinen andern zu.» Dat wär praktisch Kant in Kurzform. Der sogenannte «kattegorische Infinitiv».

Oder Schoppenhauer hatten wir danach drangenommen. Au, der war nich gut zu sprechen auf den Kant, weil, er sachte, dat wär gar nich der Infinitiv, dat wär Killefit. Ach, und der Habermas, dat is ja son neuzeitlichen Fillesof, der meinte wieder wat anderes. Ja, die waren sich unternander auch nich immer einig.

Ja, und aktuell sind wir dabei, die alten Griechen aufzumischen. Die hatten ja Fillesofen, da konnse die Straße mit pflastern. Ach, wen hatten die alles? Aristoteles, Sokrates, Hüppokrates, Herpes, Rehakles ... Die liefen da den lieben langen Tach durche Gegend und laberten sich gegenseitig ne Klinke an Sack. Kein Wunder, dat die Griechen heute pleite sind, wenn da keiner richtig arbeitet.

Ja, und wenn wir dann am Ende von unsern fillesofischen Stammtisch beie Gisela die letzte Runde ordern, dann trinken wir immer en Ouzo. Im Angedenken an die alten Griechen, aber auch die neuen, um die wirtschaftlich zu unterstützen. Ich kann nur hoffen, dat der Ouzo auch wirklich aus Griechenland kommt, dat der da nich auch wieder irgendwo in China zusammengeschraubt wird.

Jedenfalls ham wir dann inne «Alte Funzel» oft so die Lampe an, dat wir regelrecht erleuchtet sind! In diesem Sinne: Incognito ergo summ. Oder auf Deutsch gesacht: Ich denke, so bin ich.

Ponyhof

Boh glaubse, die Tage rief mich der Anton Siepmann an. Da war ich platt! Ich wusste gar nich, dat der noch lebt, aber muss wohl, sons hätt er ja nich angerufen. Ich sach, Anton, du Mumie, du alten Zombie, dat is ja en Dingen, dat du dich nochma meldes! Da sacht er, Herbert, Totgeglaubte leben länger! Ich sach, Anton, wat kannse für mich tun? Da sacht er, nee, nee, Herbert, du muss wat für mich tun.

Und dann erzählte er zu meine große Überraschung, dat er seit mehrere Jahre stolzer Oppa von ein Enkelkind wär. Damit wär er die ganze Zeit so ausgelastet gewesen. Aber gez würden ihm die Ideen ausgehen. Ich sach, wat hasse denn schon alles gemacht mit dat Kind? Da sachte er, alles! Er wär schon am Kanal angeln gewesen, im Rot-Weiß-Stadion, beim Skat-Tournier zukucken, in Essen inne Messe wär er gewesen, bei «Schweißen und Schneiden», Zigarrenkongress inne Westfalenhalle und, und, und.

Ich sach, Anton, du has ja echt en Händchen für Kinder, näh?! Jaa, sachte er ganz stolz, ich weiß, aber wie gesacht, er wär gez mit sein Latein am Ende. Und ich hätt ja immer so gute Ideen für alles. Ich sach, Anton, wie alt is denn der Knabe, weil, davon hängt ja auch ab, wat man macht. Da sachte er, nee, nee, dat wär ne Enkelin, also Mädchen, und die wär sieben.

Ich sach, hömma Anton, bis du doof?! Du kanns doch nich mit ein siebenjähriges Mädchen zu «Schweißen und Schneiden» gehen! Da hat die doch noch gar kein Sinn für! Wie wär et denn, wenn wir sie stattdessen ma mit ein Pferd in Verbindung bringen?

Ja, und dann sind wir auf meine Anregung ein Nammitach nach en Ponyhof in Dülmen gefahren. Und da war die Kleene – wie hieß die noch? Irgendwat mit L ... Lara, Lisa, Laura, Lola, Lassie ... Rita, so hieß se! –, da war die natürlich überglücklich! Und dann ham wir uns von den Verleiher ham wir uns ein Pony aushändigen lassen. Ich sach, hömma, der Pony, dat is aber en Zahmen, näh, nich son Rodeo?! Nich dat die Rita hier ne Schüttellähmung kricht! Da sachte er, näh, näh, der Enzo wär en ganz ruhigen Vertreter. Und dann hat der die Rita da auf den Enzo festgeschnallt und en Klaps gegeben, also nich die Rita, sondern den Enzo, den Pferd.

Kaum war der Verleiher ause Sichtweite, ging der Enzo aus, also ... blieb stehen. Ich sach, wat is, Rita, hasse den abgewürgt? So aus Spass! Und der Anton meinte, vielleicht ham die vergessen, den aufzutanken. Ja, und da hab ich et auch ersma mim Klaps probiert. Aber nix. Dann ham wir versucht, ihn vorne zu ziehen und hinten zu drücken. Nix! Dann ham wir mit ne Möhre vor seine Nase rumgefuchtelt, aber der stand wie festgefressen. Und die Rita fing auch schon en bissken an zu weinen.

Ich sach, Rita, lass den Onkel Herbert ma auf den Klepper machen! Ich glaub, der Enzo brauch ma ne härtere Gangart. Und dann hab ich die Rita runtergesetzt und mich auf ihm drauf. Kaum saß ich im Sattel, da wurd der schon son bissken unruhig und scharrte mit sein Huf. Ich denk, aha, Sprit is noch da! Gez müssen wir nur noch die Zündung finden. Ich sach, Enzo, sacht dir «Lasagne» wat?!

Ja, dat muss ihm wohl wat gesacht haben. Auf einma schoss der los wie ein Ferrari, über Stock und Stein, Berg und Tal! In Bochum-Riemke hab ich den ers wieder zum Stehen gekricht. Zwischendurch war ich sogar im Radio mit ihm, inne Verkehrsnachrichten: Achtung, aufe A43 kommt Ihnen ein Falschreiter entgegen! Hamse mir nachher erzählt, näh. Ich konnte et ja nich live hören, der Enzo hatte ja kein Radio.

Jedenfalls musste der Verleiher mich da in Riemke mim Hänger wieder abholen. Ja, und wat soll ich sagen, als wir wieder in Dülmen ankamen, da hatte die Rita mittlerweile auch wat zum Reiten gefunden. Der Oppa Anton kroch auf allen vieren durche Koppel und sie obendrauf. Ich sach, Anton, dat is ma kindgerecht! Gez würd ich nur noch die Zigarre ausmachen! Nee, alles in allem, schöner Ausflug!

Rockkonzert

Boh glaubse, die Tage war ich seit Ewigkeiten ma wieder bei ein Rockkonzert. Ja, ich bin nich son Musikantenstadl-Heini. Ich bin en ganz Wilden!

Jedenfalls, dat war vielleicht ne Pleite! Da bin ich dat Opfer von meine eigene Blödheit geworden. Ja, ich hatte inne Zeitung ne Anzeige gesehen: Die Beatles kommen, yeah, yeah, yeah! Und ich dachte noch, wat?! Dat kann doch gar nich sein! Die sind doch schon halb tot. Zwei von die sogar schon ganz tot, der John und der Schorsch. Ich denk, na ja, vielleicht ham die Ersatz gefunden. Die Söhne von die. Die sehen ja genauso aus wie die Väter von die, und die singen auch wie die Väter von ... sie.

Ich war dann aber schon en bissken irritiert, weil et anne Abendkasse noch Karten gab. Ich denk, sind die nich mehr in?! Sind die gez auch schon aum absteigenden Ast?! Ja, kaum waren die aufe Bühne gekommen, da war mir klar, dat sind die ja gar nich. Weil, die sahen noch genauso aus wie früher zu ihre besten Pilzkoppzeiten. Die hatten se nachgemacht. Aber hömma, wie ausn Gesicht geschnitten, auch die Stimmen! Also praktisch Marken-piraterie. Kanns ma sehen, die Chinesen, die machen vor nix halt! Ers T-Shirts, dann Solarzellen und gez auch noch die Beatles!

Aber dat war sowieso kein richtiges Rockkonzert. Dat fing pünktlich an. Dann war dat mit Stühle. Und mit Platzanweiser! Hallo, wie uncool is das denn?! Ja, und dann fiel mir ein, wie die Rockkonzerte früher waren. Ach, wen ich alles gesehn hab: Kalle Santana, Jethro Tull, Frank Zappa, Neil Young und Crazy Horst ...

Und ganz besonders inne Erinnerung geblieben is mir ein Konzert inne siebziger Jahre. Da war ich inne Grugahalle bei Röry Gallagher. Da war ich en unheimli-chen Fan von! Und ich war nich der einzige. Hömma, da standen wir schon um vier Uhr nachmittags anne Halle, um als Erstes inne erste Reihe zu stehn. Und wie dann die Türen aufgingen, da war da ein Gedränge und Geschiebe ... Von wegen, Frauen und Kinder zuers! Wer zuers kommt, malt zuers!

Und am Eingang wurden dann alle richtig gefilzt. Dat waren aber nich so Bedienstete von son Security-Dienst, weiße, mit weißes Hemd und Schlips, die dann so höflich fragen, dürfte ich ma in Ihre Handtasche kucken? Dat waren Rocker! Vom Motorradclub «Gleich krisse ein in de Fresse e. V.». Und et war klar, Flaschen durften da nich rein! Deshalb hatte ich mir vorher sonne Pulle Rotwein inne Plastiktüte umgefüllt und unter meine Kappe gelegt.

Und als ich am Eingang war, musste ich die Beine breit machen für den Rocker, also ... damit der mich abtasten konnte, aber da war ja nix. Und unter de Kappe hat der nich nachgekuckt.

Und dann gab et aber im Saal vor de Bühne en unheimliches Gerangel um die besten Plätze, und da bin ich mit ein aneinandergeraten, son Kawenzmann, der sich genau vor mich gestellt hatte. Und ich tipp den so an und sach ganz höflich, «Dicke nach hinten!», da dreht der sich um und haut mir volle Suppe mitte Faust aufe Birne. Und da entpuppte sich der Rotwein als prima Polster! Ja, bevor die Tüte dann platzte und die rote Suppe sich in ein Schwall an mir ergoss.

Der Dicke kuckt mich ganz entsetzt an, weil er wohl dachte, er hätt mir den Schädel demmeliert. Er sachte noch so sichtlich unter Schock, hoppla, dat wollt ich nich!, und is dann umgefallen wie en nasser Sack. Der konnt wohl kein Blut sehn. Mein Glück!

Im Grunde hatte ich die erste Reihe dann für mich alleine. Ich sah aus wie geschreddert! Ja, dat muss auf den Röry wohl auch en entsprechenden Eindruck gemacht haben. Als der mich sah, hat der sich direkt en paarmal verdudelt.

Und dann wurd dat aber noch ein traumhaftes Rockkonzert mit alle Schikanen: Rauchschwaden von die ganzen selbsgedrehten Zigaretten, so dicht wie Nebel. Hasch war auch im Spiel! Und anschließend klingelten mir noch zwei Tage die Ohren! Ich bin dauernd am Telefon gegangen.

Jaa, sohs wör se dehs, mei frend ...

Samenspender

Boh glaubse, die Tage musst ich wieder seelischen Beistand leisten. Da warn meine Sensebillität und mein Einfühlungsvermögen in seine ganze Bandbreite gefragt. Aah, da konnt ich wieder richtig glänzen!

Ja, früher, als Kind, da wollt ich ja Seelsorger werden, also ... Pfarrer. Die anderen Kinder wollten Polizei, Indianer oder Feuerlöscher werden, ja, und ich wollt aufe Kanzel, also praktisch Kanzler, aber evangelisch! Mit Wein, Weib und Gesang! Aber dann kam et doch ganz anders.

Na ja, aber auf jeden Fall waren die Tage meine alten Talente gefragt. Und zwar kam der Manuel Fischer neulich, war mit seine Nerven am Ende und sachte, ich kann nich mehr, meine Blagen machen mich fettich! Ich sach, wie, Manuel, wat für Blagen? Du has doch gar keine. Du bis doch Zingel.

Ja, und dann hat er die Bombe platzen lassen. Da erzählte er mir nämlich, dat er sich jahrelang wat nebenbei verdient hätte, aber nich mit Zeitungaustragen, sondern als Spender. Ich sach, Moment, Manuel, wie kann man denn als Spender wat dazuverdienen? Dat geht doch gar nich! Ja, und dann outete er sich als Samenspender und sachte, wat andere so achtlos verschleudern, dat hätte er immer zur Bank gebracht. So hätte er sich damals sein Studium finanziert.

Ja, da war ich baff, als er damit rausrückte, und auch son bisschen neidisch, dat *ich* da nich draufgekommen war. Aber andererseits, ich hab ja gar nich studiert. Wat hätt ich mit dem ganzen Geld machen sollen?! Aber ich wär schon en guten Spender gewesen. Erste Sahne! Aber ich hab dat damals alles selbstlos in mein Frau verballert.

Ich sach, Manuel, wo is denn dat Problem? Da sachte er, dat Problem wär, dat die Ergebnisse von seine Spendentätigkeit gez alle naselang vor de Tür stehen würden, um ihm kennenzulernen. Und jedes Ma, wenn et schellen tät und er die Tür aufmachen tät, würd er glauben, er kuckt in Spiegel, weil, die sähen ihm alle unwahrscheinlich ähnlich.

Jetz muss man dabeisagen, dat der Manuel unheimlich markante Erbanlagen hat: rote Haare, Sommersprossen wie son Streuselkuchen, Segelohren und en unheimlichen Zinken!

Und er sachte, er hätte natürlich anonym bleiben wollen, aber jetz wär durch sonne Rechtsprechung seine Anonymität aufgeflogen. Kinder dürften gez wissen, wer er is.

Obwohl, eigentlich hätte man da von selber draufkommen können. Wie oft ich schon Begegnungen hatte, wo ich dachte, der is doch dem Manuel wie ausm Gesicht geschnitten! Selbs inne Eifel oder Tirol! Oder vor zwei Jahren war ich mit mein Frau für en Wochenende in Dublin. Wir wollten uns ma diese Folk-Band, die Dubliners, ankucken. Aber die waren fast alle tot! Dat denkt man gar nich, wenn man so die ihre Platten hört. Jedenfalls sachte ich noch, kuck dich ma um, Guste, die sehen alle aus wie Manuel oder Manuela! Ja, jetz erklärt sich dat!

Auf jeden Fall is der Manuel völlig überfordert, weil der dauernd Rede und Antwort stehen muss, wer er is, wie er drauf is und ob dat damals en schöner Moment gewesen war. Dabei könnt er sich da im Einzelnen oft gar nich dran erinnern.

Ich sach, Manuel, sieh dat doch ma positiv! Du has wat Bleibendes geschaffen! Wer kann dat schon von sich behaupten? Und dat is doch quasi deine Altersversicherung. Merk dir bloß, wo die wohnen! Du weißt, wie undankbar Kinder sein können! Die vergessen schnell, wat man alles für die getan hat. Und du has doch wirklich dein Bestes gegeben! Und er nickte dann auch so zustimmend und sachte, er hätte alles gegeben, wat drin war. Ich sach, deswegen, Manuel, schreib dir auf, wie die heißen, damitte jederzeit Zugriff auf die has, falls die Pflegeversicherung ma wieder Zicken macht!

Ja, und seitdem hat er seinen Frieden damit gemacht. Dank Pater Knebel!

Schuhe kaufen

Boh glaubse, die Tage hab ich mich wieder auf wat eingelassen! Und zwar waren mein Frau und ich inne Zitty unterwegs, Eis essen. Ja, dat Eis war ne Belohnung, dat ich mit sie vorher mit war in ein Kozmetik-Fachhandel. Ich berate meine Frau da immer. Und ich muss sagen, über die Jahre hab ich en richtiges Händchen dafür entwickelt, welche Spachtelmassen ihr da zuträglich sind und welche weniger.

Oder auch so Pafföngs. Da sach ich immer, nee, dat is gut, Guste, nimm dat, da bleiben auch die Fliegen ause Wohnung! Aber so scherzhalber. Ja, die Verkäuferinnen, die lachen schon immer, wenn wir kommen, weil die wissen, gleich gibt et wieder wat zu lachen!

Und als Belohnung krich ich dann immer von mein Frau en Eis spendiert, en Hörnchen mit 12 Kugeln. Alles Schokolade. Ja nu, ich hab ma einma wat anderes genommen, aber ... konns vergessen!

Auf jeden Fall, wie ich so in mein Hörnchen vertieft war, sacht mein Frau, ach komm, Herbert, lass uns eben noch schnell im Schuhgeschäft gehen, du könns ma wieder Sandalen gebrauchen. Da kommt ma wieder en biss-ken Luft an deine Quanten. Ja, ich hab ja so mitunter ne Neigung zu sonnem ganz leichten Schweißfuß. Und die Schuhe, die ich anhatte, die waren auch schon wat fürn Salzstock.

Wir da rein, da kam sofort en Verkäufer angeschossen. Ich denk, oh, die sind aber hier auf Scheibe! Da sacht der, Entschuldigung, aber Ihr Eis muss draußen bleiben! Ich sach, komm, gez machen Se sich ma nich inne Buxe! Ich bin doch kein Kleinkind! Zurück zum Geschäftlichen: Sandalen in 43, dunkelbraun. Ham Sie die?

Ja, da zeigte er direkt auf ein Sandalen im Regal und sachte, probiern Se den ma! Jetz hatt ich aber nur eine Hand frei wegen den Eis, und mein Frau wollt ich dat nich geben, die leckt ja so gerne. Da hab ich dat dem Ver-käufer inne Hand gedrückt und gesacht, wenn Se so nett wären! Und dann hab ich den Sandalen anprobiert. In dem Moment flutschen ihm so zwei Kugeln auf die helle Auslegware. Und ausgerechnet Schokolade!

Ich sach, ja toll, wer ersetzt gez den Schaden?! Wis-sen Sie, wat sonne Kugel mittlerweile kostet?! Ich sach, junger Mann, jetz holen Se ma wacker wat zum Weg-machen, bevor da einer reintritt, und bei der Gelegen-heit könnse drekt den zweiten Latschen von dat Paar mitbringen!

Da latscht der los mit mein Eis inne Hand! Und wie er gerade so unterwegs is für nachen Sandalen, tritt sonne

Omma, die da gerade so orthopädische Stilettos am Einlaufen war, in meine Kugeln, also von mein Eis.

Und wie der Verkäufer mit den Sandalen und nem Handfeger zurückkommt, seh ich schon, wie er tropft. Ich denk, meine Fresse, der Tölpel mit sein Eis! Sowat müssten se in dem Laden doch eigentlich verbieten! Jetz gab er mir den zweiten Sandalen, und wie ich den anzieh, fällt sein Auge auf die Sauerei, die die sexy Omma verursacht hat, und er sacht zu mir, wat is dat denn für ne Sauerei?! Ich sach, sein Se ma froh, dat die nur Stilettos angehabt hat und keine Springerstiefel! Und wo wir schomma beim Thema sind, dat is noch nix gegen die Sauerei, die Sie da angerichtet haben, und ich zeich so auf die Schokoladenspur vom Lager bis zu mir.

Da war er kurz vorm Ausrasten. Und wie er dann so ausrastet, fällt ihm noch ne Kugel auf sein weißen Schuh. Und da is er komplett ausgerastet und hat nur noch geschrien, raus! Ich sach, kann ich mein Eis wiederhaben? Da hat er völlig die Fassung verloren und hat dat vor unsre Augen in seine Hand zerquetscht. Ich sach, Guste, komm, wir gehen! Und wie wir so gehen, merk ich beim Gehen, dat mir die neuen Sandalen wirklich wie angegossen passen! Ich denk, wat die wohl gekostet hätten?

Schuldenfalle

Boh glaubse, neulich klingelt mein Nachbar von über uns, der Dennis Scheuermann, an. Ers wollt ich gar nich aufmachen, weil ich den im Türspion schon gesehen hab. Ja, weil der Dennis, wenn der kommt, dann will der immer wat haben. Mal en Ei, dann isset en halben Liter Milch, Brot, und er hat sogar ma nach Fleisch gefragt. Ob ich zufällig en Rollbraten hätte. Ich sach, nee, die is grad einkaufen. Aber aus Quatsch, näh! Die Guste würd ich ja nie an den Dennis abtreten.

Jetz sah ich aber durch den Spion, dat irgendwat mit ihm nich stimmte, weil, der war am Heulen. Total am Heulen! Bestimmt ne Viertelstunde lang. Ich dachte die ganze Zeit, wat heult der denn?! Aber die Frage konnt ich mir ja selber nich beantworten, und da hab ich die Tür aufgemacht und ihn gefragt. Ich sach, Dennis, wat heuls du denn die ganze Zeit? Dat kann man ja nich mit ankucken! Da sachte er, er wüsste nich mehr weiter. Ich sach, Dennis, ich weiß schon seit fuffzich Jahren nich mehr weiter, und hasse mich auch nur einma heulen sehen?!

Ja, da erklärte er sich und sachte, er wär in eine Schuldenfalle getappt, und die Schulden würden ihn immer mehr auffressen. Gerade wär der Gerichtsvollstrecker da gewesen. Und dann zeigt er mir sein Luxus-Smartphone von Appel, wat er sich gerade für teuer Geld von ein Kredit gekauft hatte, und da war en Kuckuck drauf. Mitten vorne aum Bildschirm! Und er tippte so auf den Kuckuck und sachte, kuck ... kuck ma – ja, der stottert immer en bisschen, wenn der aufgeregt is – kuck ma, ich komm nich ma mehr an meine Apps!

Ja, da tat er mir schon leid. Ich mein, ich bitt Sie, wat is dat fürn Leben, wenn man nichma mehr an seine Apps kommt?! Ich sach, Dennis, wat is dat eigentlich, son Apps? Ja, da zog er sein anderes Smartphone ause Tasche, wo noch kein Kuckuck drauf war, und zeigte mir en Apps. Nee, dat war schon interessant für ne Zeitlang, und er hörte dann auch auf zu heulen, weil er in sein Element war.

Er hatte zum Beispiel son Blitzer-Apps, wo der Apparat dir dann im Voraus sacht, wo geblitzt wird. Ich sach, Dennis, kannse mir dat ma auf mein Telefon ingstallieren? Da fragte er, wat ich denn fürn Modell als Telefon hätte. Und da krichte er mein Handy zu sehen und fing auf einma an zu lachen. Über mein Handy! Und er meinte, dadrauf könnte man nix ingstallieren, da könnte man froh sein, wenn man mit son Vorkriegsmodell überhaupt telefonieren könnte.

Und dann zog er noch ein Smartphone ause Tasche und sachte, zum Beispiel sowat wär doch wat für mich! Dat wär zwar schon en halbes Jahr alt, aber da könnte ich den Apps drauf ingstallieren. Oder alternativ könnt er mir noch den Nachfolger von den Vorgänger-Modell empfehlen, und den fischte er dann auch noch aus seine Hose.

Ich sach, Dennis, wie viel von die Apparillos has du eigentlich?! Da sachte er, nur die vier. Und eins in sein BMW-Cabrio für unterwegs. Ach ja, und dann noch dat Outdoor-Handy für schlecht Wetter.

Ich sach, Dennis, deine Schuldenfalle, is dir klar, dat dat von deine Sucht kommt?! Deine Sucht nach Smartphones?! Und der beste und direkteste Weg, davon loszukommen, is, sich direkt von dat ein oder andere Modell zu trennen. Koste es, was es wolle! Ich sach, dat eine würd ich dir fürn Zwanni abkaufen, weil du et bis!

Ja, da war der so doof und hat dat gemacht! Und jetz hab ich son Ding. Für 20 Euro! Ich sach, sisse, Dennis, so kann et nämlich auch gehen! Muss man sich nich immer direkt für verschulden!

Sonderbegabungen

Boh glaubse, der Patzkal Nusskämper, der Sohn von den Ohrologe, den Doktor Nusskämper, da geh ich ja auch immer hin nache Vorsorge wegen Prostata. Nee, also ... der macht dat gut! Der hat en Händchen dafür! So einfühlsam und zärtlich hat mir schon lange keiner ...

Auf jeden Fall, der Sohn von dem, der Patzkal, der hat sich gez als ganz große Nummer rausgestellt, und zwar als Sonderbegabten! Ja, da ham wir uns natürlich ersma alle gewundert, weil, der is ja eigentlich dat genaue Gegenteil von seinen einfühlsamen und zärtlichen Vatter. Nee, also ... soo einfühlsam!

Auf jeden Fall is der Patzkal bei alle ja eher als en Verwemser vor dem Herrn bekannt. Da wird nich lange diskutiert, da gibt et direkt aufe Nuss von den Nusskämper. Der is schon richtig auffällig in sein Verhalten von ihm. Also, auch dem Lehrkörper gegenüber. Da kennt der keine Verwandten! Ich mein, er hat jetzt auch keine im Lehrkörper, aber wenn da jetzt von ihm Angehörige wären, da würd der sogar die verkloppen!

Ja, und irgendwann sachte der Schulpsycheloge wohl zu die Nusskämpers, schicken Se den doch ma nachen Psycheloge. Mit dem wird hier keiner mehr fertig. Und da sind die Eltern mit dem Patzkal nach ein Kinderfachspezialpsychelogen hin, und der hat so Tests mit dem gemacht und hat aufgrund von die Ergebnisse gesacht, ihr Junge is höchstwahrscheinlich unterfordert. Zack, hat der von den Patzkal sofort ein mitgekricht!

Sehen Se?!, sachte der Seelenklempner, so welche wie ihren Sohn, die wissen nich wohin mit ihre Intelligenz. Dat Kloppen is höchstwahrscheinlich en Zeichen für ne Sonderbegabung. Er wüsste nur nich, welche. Und um dat rauszukriegen, sollten se den ma nach England schicken auf ne private Eliteschule. Und da isser gez und haut da den anderen Hochbegabten wat aufe Nuss.

Ja, und gez versuchen die da rauszukriegen, wat für ne eigentliche Begabung sich hinter dem Patzkal seine Verwemserei verbirgt. Is es ne musische Begabung, also, is er vielleicht en heimlichen Paganini, nur bis jetz noch ohne Geige? Oder is er eine mathematische Begabung, dat der vielleicht gut rechnen kann? Oder is er ein Sprachgenie? Ich mein, die Fäuste lässt er ja schon sprechen. Oder is er ein Genie inne bildenden Künste? Bildhauer! Dat wär ja mein persönlicher Favorit für ihm.

Übrigens, bei uns früher inne Volksschule, da war ja auch ma son Fall gewesen. Der hat auch auf alles draufgekloppt. Und der hat später aber seine Begabung rausgekricht und Karriere gemacht, und zwar als Kirmesboxer!

Tja, wer weiß, wat sich hinter so auffällige Verhaltensweisen alles an Begabung versteckt?! Zum Beispiel ich, ich schlaf ja auffällig viel. Vielleicht is dat auch einfach nur en Ausdruck von Unterforderung. Dat hab ich mein Frau auch schon gesacht, dat ich eigentlich in unsre Ehe zu ganz andere Dinge fähig wär!

Auf jeden Fall, ich bin ma gespannt, wat se bei den Patzkal an Begabung rauskriegen. Am Ende kriegen se raus, dat der doch nach sein Vatter geschlagen is, also, dat die Verwemserei nur ne Unterforderung von seine manneellen Fähigkeiten von seine hochbegabten Hände is. Mein Gott, so einfühlsam und zärtlich! Hach, ich hab ja Gott sei Dank nächsten Monat meinen nächsten 14-tägigen Vorsorgetermin! Jaa, Gesundheit, das lass ich mir was kosten!

Spam-Ordner

Boh glaubse, vor kurzem hab ich an mein PC – oder, für die Amateure unter Sie, Computer – hab ich mein persönlichen Spam-Ordner geöffnet. Und ich muss sagen, ma gut, dat ich dat gemacht hab! Ja, in diesen Ordner sortiert mein Computer alles, wat ich eigentlich nich lesen soll. Is klar, dat ich da neugierig war.

Mein Enkel, der Marzel, der mir dat alles eingerichtet hat, der sachte damals, Oppa, Finger weg von den Spam! Ich sach, warum? Ja, dat wär nix mehr für Männer in mein Alter. Ich sach, woher wills du denn wissen, wie alt ich bin?! Da sachte er, dat würd man doch sehen. Ich sach, woran siehs du dat denn? Da sachte er, am Geruch!

Na ja, auf jeden Fall, ich konnt so zwei Jahre an mich halten, aber immer, wenn ich den Spam-Ordner gesehen hab, dann hat et so in die Maus-Hand gezuckt, als wenn einer sagen wollte, komm, klick mich! Du wills es doch auch! Und irgendwann war dat so, da hat sich die Maus-Hand verselbständigt. Dat böse Händchen! Ich wollte dat gar nich. Aber zack, war der Spam geöffnet! 1234 nich gelesene, möglicherweise wichtige Nachrichten!

Inne Übersicht war mir ersma keiner von die Absender bekannt. Wat mir aber direkt auffiel, war, dat mir eine gewisse Dolly D. alleine schon 258 Mal geschrieben hatte. Ich dachte, mein Gott, dat arme Mädchen, schreibt sich die Finger wund und kricht keine Antwort von dir!

Ja, und dann hab ich ma vorsichtig eine Nachricht geöffnet. War alles auf Englisch. Und als ich aber en paar Wörter im Wörterbuch nachgeschlagen hatte, war mir schnell klar, wat ihr Problem war. Sie fühlte sich sehr einsam und unbefriedigt. Und da hab ich mich ihrer angenommen, weil, ihr Schicksal hat mich schon gerührt.

Und dann hab ich mich hingesetzt und sie zurückgeschrieben: Liebe Frau D., zunächs einmal muss ich mich entschuldigen, dass ich ers jetz erregieren, äh ... reagieren kann. Aber Sie sind wohl versehentlich in mein Spam-Ordner gelandet, wo ich auf Anweisung von mein Enkel eigentlich nich reinkucken soll, aber dann hatte meine Hand gezuckt, glücklicherweise! Ich hoffe, ich komme nich zu spät!

Sie schreiben von Einsamkeit und Sehnsucht nach Befriedigung von Bedürfnisse, Gefühle, die ich durchaus zu teilen weiß. Sein Sie nich verzweifelt! Gehen Sie unter Menschen! Wat weiß ich, es gibt so viele Möglichkeiten: evangelischer Kirchenkreis, Wassergymnastik, ein Spaziergang in der Natur mit Gleichgesinnten ... All dies kann sehr befriedigend sein! Mir persönlich hat schon oft allein die Vorstellung von Wassergymnastik sehr geholfen. Ich hoffe, Ihnen eine Hilfe gewesen zu sein! Gute Besserung, Ihr Herbert K.

Ja, aber dann hab ich nix mehr von ihr gehört. Der Schriftverkehr war wie abgeschnitten. Aber wat soll ich Sie sagen, meine Sozialkompitenz muss sich wohl wie ein Lauffeuer verbreitet haben. Immer wenn ich jetzt ma in den Spam-Ordner kuck, sind da Briefe von Frauen mit ähnlichen Problemen: Christine F., Dolores P., Susi G. ... Und dat hat so überhandgenommen, dat ich gar nich mehr dazu komm, die alle individuell und mit dem nötigen Einfühlungsvermögen zu beantworten. Deswegen hab ich mein erstet Schreiben an die Dolly als Standard-Antwort zum Kopieren und Einfügen vorbereitet, sodat ich nur die Anrede einsetzen muss. Mittlerweile krich ich Hilferufe ause ganzen Welt.

Tja, liebe Freunde, da soll noch einer sagen, ältere Menschen können nich mim Computer umgehen und würden sich inne digitalen Welt nich zurechtfinden! Papperlapapp! Wir Alten sind doch ne Stütze der Gesellschaft! Junge, verzweifelte Menschen wie Dolly D. oder Christine F. – um nur einige zu nennen – sind doch auf unsre Erfahrungen angewiesen!

Deswegen appelier ich hier an diese Stelle: Öffnet eure Herzen und eure Spam-Ordner! Ihr werdet es tausendfach zurückbekommen!

Spätgebärende

Boh glaubse, bei uns im Haus sind gez welche eingezogen mit Kleinkind. Aber ganz klein! Also, noch son Säugling. Und die wohnen direkt bei uns gegenüber. Und neulich ham die ihren Antrittsbesuch gemacht bei uns und sich vorgestellt: Michael, Dörte und der kleine Paul-Otto. An für sich sind die ganz nett, sogar der Kleine.

Und wie die wieder weg waren nach ihre Vorstellung, krichte mein Frau son ganz entrückten Gesichtsausdruck. Ich sach, wat is los, Guste, is dir schlecht? Der hat aber auch zum Abschied nochma ein in die Windel gekloppt, der Furzknoten! Ich mein, ich bin ja von mir selbs einiges gewohnt, aber ... dat war schon richtig schweres Kaliber!

Ja, sie sacht aber nix, sondern packt sich mit son ganz verklärten Blick anne Brustgegend. Ich sach, wat is los? Kriss du en Infarkt? Dann sach et! Dann mach ich en Termin beim Arzt. Aber sie war gar nich aus ihren Zustand rauszuholen. Ich war völlig irritiert und hilflos.

Und aus meine Hilflosigkeit raus fühlte ich mich auf einma urplötzlich an eine Situation erinnert, wo ich auch hilflos war. Und dat war nämlich, wo die Borussia im eigenen Stadion 0 zu 3 hinten lag, und mein Frau kommt rein und sacht, Herbert, ich krich en Kind von dir! Ich sach, Guste, nich jetz! Vielleicht schaffen die noch den Ausgleich. Obwohl ich da selbs nich mehr dran geglaubt hatte.

Ja, als dat Spiel vorbei war, sach ich, Guste, wo stecks du? Wat is mit unsern Kind jetz? Da saß die inne Küche und weinte. Ich sach, mein Gott, Guste, war doch nur en Fußballspiel! Beim nächsten Mal gewinnen se wieder.

Ja, und dieser aufgelöste Zustand von wie damals, der war jetz bei mein Frau auch wieder da. Ich mein, jetz konnte sie ja nich schwanger sein, zumindest nich von mir. Aber eh ich da weiter wat vermuten konnte, erklärte sie sich und sachte, ihr wär bei den Anblick von den Kleinen ganz anders geworden. Ich sach, ja, mir auch! Da sachte sie, ihr wär alles nochma hochgekommen, die Glücksgefühle, der Mutterinschtinkt und alles.

Ja, da muss wohl der Paul-Otto bei die Guste sonne stillgelegte Milchdrüse aktiviert haben, sodat bei die direkt der ganze Hormonhaushalt durchenandergekegelt wurde. Hömma, und inne nächsten Tage ging dat so weiter, dat die sich intensiv mit diesem Thema beschäftigt hat: Zeitungsartikel über ganz spät Gebärende, Erfahrungsberichte von überreife Mütter ... Und als ich dann in ihre private Unterlagen en Anmeldeformular für ne Senioren-Stillgruppe gefunden hab, da hab ich se aber zur Rede gestellt. Ich sach, Guste, wat soll dat werden, wenn dat fettich is?! Wenn du ernsthaft an eine Befruchtung denks, dann kommt nur ne künstliche in Frage, aber nich von mir!

In dem Moment geht nebenan die Sirene los: Paul-Otto! Aber frag nich nach Sonnenschein! Ich sach, Guste, da! Hör dir dat an! Mensch, erinner dich ma dran, wat dat fürn Hallas war, als unsre vielen Kinder immer geschrien haben! Da sacht mein Frau, wie?, wir hatten doch nur zwei. Ich sach, ach, echt? Da hat aber jedes von die für drei geschrien!

Ja, dat war für mein Frau schon hart, die Zeit. Ich konnt ihr ja nich zur Seite stehn. Ich war ja außen vor beim Stillen. Und außerdem hab ich zu der Zeit auch viel im Hotel geschlafen, damit sie und die Kinder ma ihre Ruhe hatten. Ich sach, Guste, wills du dat wirklich nochma alles erleben?! Dat Geschrei, die vollgeschissenen Windeln, die schlaflosen Nächte, die Sorgen, die teuren Hotelrechnungen ...

Ich sach, Guste, und kuck dir doch ma an, wie unsre Erbanlagen mittlerweile aussehen! Dat kann man doch nich mehr guten Gewissens weitergeben. Da kuckt sie sich mich so an, und dat muss ihr wohl zu denken gegeben haben. Und nach en paar Tage hatte sich dat mit dem Kinderwunsch Gott sei Dank wieder eingerenkt. Ja, da muss bei mein Frau wohl ne kurzzeitige hormonelle Irritation stattgefunden haben.

Gez borgt se sich von nebenan den Paul-Otto ab und an ma aus, als sonne Art Tagesmutti. So lässt sich dat aushalten mit son Köttel. Wenn wir dat damals ma mit unsre Rasselbande auch so gehabt hätten. Ach nee, waren ja nur zwei. Oder waren dat nich doch mindestens drei?

Spielzeug

Boh glaubse, neulich war ich eingeladen gewesen zu ein Kindergeburtstag. Ja, ich bin ja im späten Alter noch ma Patenonkel geworden. Und zwar von nem alten Fußballkollege ause C-Jugend von Hamborn 90, der Rainer Figura, dem seine Tochter, die hat ja en Zahnarzt geheiratet, und davon der Sohn, der Till, dem sein Patenonkel bin ich.

Warum die mir diese Aufgabe anvertraut hatten, ich weiß et nich. Ich vermute ma, weil ich den Rainer damals ausn Knast rausgeholt und ihn aufn Pfad vonne Tugend gebracht hab. Ja, ich war damals sehr aktiv als Pfadfinder. Jeden Tach ne gute Tat und allzeit bereit! Fragen Se ma mein Frau, da kann die aber en Lied von singen, also ... vonne guten Taten.

Auf jeden Fall hatte der Till jetz sein fünften Geburtstach. Ja, da musste ich natürlich meinen Pflichten nachkommen. Ich hatte mir im Vorfeld schon Gedanken gemacht: Wat könnte en Fünfjahrigen in dem Alter glücklich machen? Barbie-Puppe zum Ausziehen ... ja noch nich. Da ham die ja noch kein Sinn für.

Dann hatte ich mir überlegt, wo ich früher Spaß dran gehabt hab, zum Beispiel Kinderpost! Weiße, son Set mit son aufklappbaren Schalter, wo ich der Briefmarkenverkäufer war und immer eingeschlafen bin. Als Kind spielt man ja alles immer ganz realistisch nach.

Oder Schaffneruniform, mit Mütze, Umhängetasche, Rot-Grün-Kelle mit intigrierter Flöte und en Abknipser. Ach, wat war ich damals glücklich damit! Wat ich alles abgeknipst hab: Zeitungen, Sofakissen, Ohrloch vonne Schwester ... Ja, dat hat die heute noch!

Aber dat kannse heutzutage alles nich mehr bringen. Post und Bahn, da bisse ja direkt dem Spott ausgesetzt vonne Kinder-Netzgemeinde. Und mit nem Abknipser, da musse Angst haben, dat se sich direkt die Brustwarzen pierzen, die kleinen Teufel!

Dann hatte ich noch inne Überlegung: Ritter-Set. Helm mit Fisier, Schutzschild und Schwert. Als Kettenhemd hatte ich immer dat Netzhemd von mein Vadder genommen. Ja, aber dann fiel mir ein, wie ich mich damals über die Schwerter geärgert hab. Immer wenne nem anderen Ritter ein verplättet has, dann is dat Schwert umgeknickt. Und irgendwann fing dat an, genau über dem Griff einzureißen. Dat waren ja so Hohlraum-Schwerter. Und irgendwann war dat Schwert dann im Arsch, also ... kaputt.

Und da hab ich mir gedacht, näh, die bittere Enttäuschung willse dem Till ersparen! Und dann hab ich mich fürn schönes, scharfes Fahrtenmesser entschieden. Dat is stabil und wat fürs Leben! Ja, ich hab mein Fahrtenmesser heute immer noch, und zwar allzeit bereit! Man weiß ja nie, wann die nächste Fahrt kommt. Zum Beispiel Himmelfahrt. Da bisse mit dein Fahrtenmesser aber ganz weit vorne!

Ja, und dann bin ich im Waffengeschäft. Ich sach zu den Verkäufer, wat ham Sie denn für Kinder? Da drehte er sich so schamhaft weg und sachte, da wolln wir ma nich drüber reden. Die hätten son Hang zur Gewalt. Ich sach, nee, ich mein mehr, wat als Geschenk für Kinder. Son schönes Fahrtenmesser zum Beispiel.

Und dann legte er mir ne Messer-Kollektion vor, wo ich neidisch wurd. Sowat hätt ich mir als Kind auch gewünscht aum Gabentisch! Und dann hab ich mich, unter Abwägung des Verletzungsrisikos, fürn Wurfmesser-Set entschieden. Ja, da kann nich viel passieren. Et sei denn, einer steht im Weg.

Ich war dann auch ganz glücklich mit meine Wahl, und der Till hat richtig große Augen gemacht. Ja, und die Eltern auch! Dat is ja doch ganz wat anderes als diese Ballerspiele, wo Gewalt verherrlicht wird!

Städtetour Amsterdam

Boh glaubse, die Tage hab ich wieder ne Story erlebt! Da kannse en Roman von schreiben. Pass auf, ich erzähl ma.

Und zwar, wir kriegen ja immer auch einma inne Woche den Nordkurier im Briefkasten. Dat is son Anzeigenblättchen, wo se alle drin ingserieren. Normalerweise schneid ich den drekt immer streifengerecht zu Klopapier. Ja, dat is immer ganz witzig, wenn man sich dann son Streifen fürn Gebrauch nimmt, wat dann da so draufsteht, womit man sich anschließend ... na ja, Sie wissen schon.

Jedenfalls sitz ich neulich bei mir inne Keramikabteilung, mach, wat man da eben so macht, und greif mir eine von meine vorgefertigte Streifen, da springt mir auf einma wat ins Auge! Und zwar ein Angebot: Für 68 Euro nach Amsterdam. Und zurück. Für zwei Personen, inklosive ein Stück Gouda!

Ich sach, Guste, komma kucken, hier is wat Interessantes! Sie kommt rein und sacht, wat is denn? Ich sach, hier, kuck ma! Wär dat nich wat für uns? Ja, nachdem ich

mein Frau dann mit Riechsalz wieder int Leben zurück-
geholt hatte, ham wir drekt gebucht und ... Fenster aufgemacht.

Ja, mittwochmorgens war et dann so weit. Um halb
vier mussten wir in Essen am Hauptbahnhof sein. Dat
war natürlich ne Hammerzeit. Besonders weil ich ja inne
Nacht davor gar nich schlafen konnte vor Aufregung.
Ich musste die ganze Zeit an den Gouda denken. Ich sach,
Guste, meinse, ob wir den schon aufe Hinfahrt kriegen?
Aber sie war am Pennen, als wenn dat gar nich wichtig
wär.

Jedenfalls kam dann der Bus ... drekt ne halbe Stunde
zu spät. Getriebeschaden. Wär aber kein Problem, sachte
der Fahrer, er hätte dat gez raus, wie man vom Ersten
drekt in den Vierten schaltet. Wir rein, dann fuhr der los.
Und aufe Höhe von Dortmund dacht ich, wo fährt der
denn hin?! Ja, auf einma stellte sich raus, dat wir noch en
paar Zusteiger in Paderborn einsammeln mussten. Nach
vier Stunden sind wir dann wieder an Essen Hauptbahnhof vorbeigekommen.

Und in Duisburg aufe A40 standen wir dann im Stau.
Berufsverkehr. Aber der Fahrer hat sich die gute Laune
nich verderben lassen und immer Holländer-Witze
erzählt. Da verging die Zeit wie im Flug. Und gegen halb
zwei waren wir dann auch schon da, in Grachtenhausen.

Ich sach, komm, Guste, wir gehen ersma en Tässken
Kaffee trinken und vielleicht noch en Stück Käsekuchen

dabei, weil, den Gouda sollte et ers aufe Rückfahrt geben. Und dann sind wir da in son Coffee-Shop rein. Ja, so viel Holländisch kenn ich!

Da kamen wir da rein, da war da ein Aroma inne Luft, herrlich! So süßlich, würzig, so ganz anders, als man dat bei uns von Tschibo kennt. Da musstesse immerzu tief Luft holen. Und nach ne Zeit wollten wir da gar nich mehr weg. Wir waren so entspannt und glücklich. Ich weiß nich, wat die mit ihre Bohnen machen, dat dat so wirkt?! Wat ham wir gelacht! Und die anwesenden Holländer aber auch. Die erzählten dann so schlechte Deutschen-Witze, und ich konnte aber mit schlechte Holländer-Witze kontern, weil ich die ja aufe Fahrt von den Busfahrer mehrfach gehört hatte. Dat war wirklich Völkerverständigung auf ganz hohem Niveau vonne untersten Schublade.

Ja, gegen 18 Uhr hat uns der Fahrer da wieder auf-gegabelt. Und dann sind wir wieder über Paderborn nach Hause gefahren. Gegen 1 Uhr nachts waren wir dann schon wieder in Essen. Und beim Aussteigen gab et dann den versprochenen und wohlverdienten Gouda, näh, son Stücksken mit eine Weintraube drauf. Lecker!

Also, et hat sich schon gelohnt, und die anderen Rei-senden erzählten auch, dat Amsterdam wohl ganz schön sein muss. Wat wir nur bestätigen konnten. Ich sach Sie, wenn einer eine Reise tut, dann ...

Street View

Boh glaubse, die Tage war bei uns richtig Aufregung inne Siedlung, also, vornehmlich bei mir inne Straße. Und zwar hatten se sich angekündigt von dieses Guggel Street View, diese Straßenknipser. Wir wären gez endlich ma dran mim Knipsen. Ja, und mir sachte dat gar nich richtig wat, und da hab ich ersma mein Enkel, den Marzel, kontaktiert. Dat is ja son ganz umtriebigen PC-User. Jaa, son bisskn kenn ich mich auch aus inne Termiten...nologie!

Und er erklärte mir dann, dat man mit diesen Guggel Street View überall aufe Welt kucken kann, wie se wohnen und wie et da aussieht, wo se wohnen. Ich sach, Marzel, dat is ja der Hammer! Jetz kuck ma, wo die Ruth Eisenhut mittlerweile wohnt!

Ja, dat war ma ein Sommer lang meine Biene. Da hattet aber gebrummt! Dat war eigentlich schon mehr ne Hummel. Summer of love! Ja, wegen der hab ich Woodstock verpennt. Ich war ja en unheimlichen Fan von den Woodstock, schon damals, als den noch gar keiner kannte.

Jedenfalls sachte der Marzel, er bräuchte aber noch ne

Adresse, zumindest aber Geburtsdatum und Ort, dann könnte er die vielleicht aufspüren. Ja, und dat ham wir dann auch! Ruck, zuck waren wir bei sie inne Straße. Hömma, da bin ich aber nach hinten umgefallen! Weiße, wo die wohnt?! Kallefornien, Sankta Monika! Wo die Schönen und die Reichen wohnen. Und dann sind wir da virteell einma um dat Haus rumgefahren. Konnse alles sehen! Die hatten richtig wat anne Füße!

Und dann sachte der Marzel, dat dies Street View praktisch en Katalog wär für Einbrecher. Da könnte man kucken, wie man am besten reinkommt. Kumma hier, sachte er, bei denen steht sogar dat Fenster auf Kipp. Da wär ich in 5 Sekunden drin!

Ja, da bin ich natürlich alarmiert nach Hause gegangen. Und da war die Guste gerade am Fenster am Putzen und meinte, sie würd schon alles hübsch machen für dat Foto. Ich sach, dat lässte ma schön sein! Und dann hab ich sie aufgeklärt. Ja, und danach ham wir uns dann über Street View unterhalten. Ich sach, Guste, wir dürfen auf keinen Fall den Eindruck erwecken, als wenn et hier wat zu holen gäb! Wir brauchen die perfekte Tarnung!

Ja, und dann ham wir als Erstes unsre Gardinen absichtlich vergilbt. Ich hatte noch sonne Kiste Handelsgold, und die hab ich dann ohne Rücksicht auf meine Gesundheit unter de hängende Gardine weggestocht. Bei uns aum Balkon ham wir dann so Müllsäcke hingestellt mit ... Müll, und in ein Fenster hab ich en ausgemergeltes Plastik-Sparschwein gestellt, wo draufstand, «Fütter mich!».

Und dann ham wir uns dat von außen angekuckt, aber et sah immer noch nich richtig erbärmlich aus. Und dann ham wir uns selbs ins Spiel gebracht. Da ham wir uns beide im Unterhemd mit ne Pulle Bier zwischen die Müllsäcke gesetzt. Ja, und sicherheitshalber noch ne Fahne von MSV Duisburg raushängen lassen. Endlich fühlten wir uns sicher! Ja hömma, so doof kann doch wirklich keiner sein, da einzubrechen! Und dann ham wir gewartet, bis die mit ihren Fotoapparat vorbeigefahren waren.

Und en paar Wochen später konnte man sich dat Ergebnis dann auch im Internet ankucken. Furchtbar! Da möchte ich nich tot übern Zaun hängen bei so Leute! Ja, und wat soll ich Sie sagen, ne Woche später krich ich auf einma Post von Sankta Monika. Da war dat die Ruth! «Lieber Herbert», schrieb se, «mit Erschütterung und tief empfundener Anteilnahme musste ich im Internet erfahren, wat aus dir geworden is! Anbei ein kleines Trostpflaster, ein Scheck über 100 Dollar. Deine Hippi-Hummel!»

Ja, da ham wir mit dem Geld schomma die Gardine reinigen lassen. So kann et von mir aus weitergehn mitte Post!

Taufe

Boh glaubse, Wunder gibt et immer wieder! Neulich ruft mich en alten Kumpel an, von dem ich schon längere Zeit nix mehr gehört hatte, wo ich schon gedacht hatte, wat is denn mit den Berni Kapellmann los? Nich, dat der sich nich meldet, weil der tot is! Ja, und jetz hatt ich en auf einma anne Strippe. Putzmunter!

Ja, und er wollt mich zur Taufe einladen. Ich sach, sach bloß, Berni, dein Frau und du, ihr habt nochma ein nachgelegt auf eure alten Tage! Aber dann stellte sich raus im Gespräch, dat er selbs der Teufeling wär.

Ja, da war ich ersma platt! Ich wusste ja gar nix von sein Heidentum. Ich sach, Berni, seit wann bis du denn nich getauft!? Und dann erzählte er, seine Eltern waren stramme Atheisten. Jaa, da konnt ich mich noch dran erinnern. Mein Gott, wat waren die oft stramm! Irgendwann haben die wohl an gar nix mehr geglaubt. Der Teufel hat den Schnaps gemacht! Und als er geboren wurde, also ... der Berni, da hätten seine Eltern ihm gesacht, dat se ihm vorläufig ersma nich taufen lassen wollten und dat er sich später dat selbs aussuchen könnte.

Ich sach, Berni, und woher kommt jetz der Entschluss? Da erzählte er, er hätt en regelrechten Albtraum gehabt, wo se ihn vom Jüngsten Gericht sein ganzen Sündenkatalog vorgebetet hätten und ihn dann verknackt hätten, auf ewig und drei Tage für inne Hölle zu schmoren. Und wär er getauft gewesen, hätten se nochma en Auge zugedrückt. Da wär er auf Bewährung im Himmel gekommen. Und da wär er schweißnass bis aufe Knochen aufgewacht. Und dat wär für ihn ein Fingerzeig mim Zaunpfahl von ganz oben gewesen, endlich nache Taufe zu gehen! Und ob ich bereit wär, ihm als Pate anne Seite zu stehn, weil, seine Eltern würden wohl nich kommen als Atheisten. Und die wären auch immer noch stramm. Ja, da konnt ich nich nein sagen.

Gesacht, getan! Paar Wochen später standen wir dann schon am Beckenrand von den Taufbecken, zusammen mit andere Namenlose. Ja, jetz war dat schon son bisken sonne komische Situation, weil der Berni der Einzige war, der über fünf Kilo wog. Und der Pfarrer sachte auch, son Wonneproppen hätt er ja schon lange nich mehr gehabt und ob ich ihm behilflich wär beim Halten, also … sacht er so scherzeshalber.

Ja, und als der Berni anne Reihe war, fragt mich der Pfarrer in meine Funktion als Taufpate, Herr Knebel, sind Sie bereit, den Teufeling in sein zukünftiges christliches Dasein aum rechten Pfad zu begleiten, ihm tatkräftig zur Seite zu stehn, ihm in Zeiten des Zweifels dran glauben zu lassen, den Weg des Lichts des Herrn nich zu verlassen, ihn zu lieben und zu ehren in guten wie in schlechten Tagen, bis dass der Tod euch scheidet? Und ich dürfte die Braut jetz küssen!

Ich sach, Moment ma, Herr Bischof! Aber da merkte er auch schon, dat er inne Zerremonie verrutscht war. Er hätte inne letzten Zeit mehr schwule Hochzeiten als Taufen gehabt. Ich sach, Schwamm drüber! Und als er dann wieder die Kurve gekricht hatte, fragte er, wie soll dat Kind denn heißen? Und ich sach so, weil die ganze Situation schon so bekloppt war, so aus Quatsch raus, Elvis!

Da sacht der Berni, bis du doof, Herbert, ich heiß doch nich Elvis?! Ich sach, jetz noch nich, Berni, aber gleich! Und wo ich noch so am Lachen bin über mein guten Witz, hat der Berni schon ne Ladung Weihwasser aufe Rübe. Ja, gez war et amtlich!

Na ja, aber wir ham uns dann bei de anschließende feuchtfröhliche Tauffeier drauf geeinigt, dat er sich weiterhin selbs Berni rufen darf. Ja, und für mich hat sich als Taufpate auch einiges geändert. Ich hol den Elvis jetz jeden Sonntagmorgen vom Gottesdienst ab, für nachn Frühschoppen.

Telefonitis

Boh glaubse, wissen Se, wat ich nich versteh, wat auch en Kosmos is, der sich für mich nich erschließt? Dat sind Leute, die stundenlang telefonieren können. In der Regel sind dat ja Frauen und in meinem speziellen Fall jetz meine Frau! Ohne Frauen hätte sich dat Telefon wahrscheinlich gar nich durchgesetzt. Da wären wir heute immer noch am Morsen. Also, mir persönlich würd dat auch reichen. Ich mein, wat hat man sich schon großartig mitzuteilen? Aber Frauen scheinen da anders zu ticken. Die ham zwar eigentlich auch nix mitzuteilen, schaffen et aber, dieses Nix auf drei Stunden auszudehnen.

Ich bin ja froh, dat et mittlerweile diese schnurlosen Apparate gibt, weiße, wo … keine Schnur dran is. Dat versteh ich bis heute nich, wie sowat funktioniert! Früher war ja klar, dat die Stimme durch dat Kabel ging. Dat is ja nich besonders kompliziert. Da hätten se auch früher draufkommen können, die vonne Telekom.

Auf jeden Fall bin ich froh, dat dat schnurlos funktioniert. Mein Gott, dat war ja früher ne Plage! Unsre Buchse hatten se im Wohnzimmer anne Wand geschraubt. Als die dat vom Fernmeldeamt ingstalliert haben, war ich grad außerhäuslich. Und mein Frau fühlte sich inne Befuchnis zu entscheiden, wo die Buchse hinkommt.

Drekt am ersten Abend kam et zum Eklat. Länderspiel, WM 74, Deutschland gegen DDR. Anpfiff, dat Spiel geht los, im selben Moment klingelt dat Telefon. Ich denk, dat darf doch nich wahr sein! Ja, wat war? Mein Frau hat dat ganze Spiel über gesabbelt! Kein Wunder, dat wir am Ende 1:0 verloren hatten.

Ich denk, Herbert, dat passiert dir nich nochma! Und dann hab ich noch während der WM en 20-Meter-Kabel gekauft. Ich sach, Guste, wenn et gez bimmelt und der Papa kuckt Fußball, dann nimmse schön den Aparillo und verziehs dich damit!

Dat hat se dann auch gemacht. Jetz muss die aber wohl während des Telefonats gewandert sein. Ich mein, is klar, wenn man stundenlang telefoniert, muss man zwischendurch ma nachn Klo oder im Kühlschrank. Und dann hat die beim Wandern mit ihrer Strippe ein Wirrwarr erzeugt, wie son Spinnennetz! Und wie ich mir inne Halbzeitpause en Bier holen wollte, hab ich mich inne Diele direkt aufe Fresse gelegt! Dat schnurlose Telefon war für mich en Segen, so oft, wie ich mich langgelegt hab!

Aber dat Problem mit die ihre Telefonitis besteht natürlich weiter. Neulich war en ganz eckelatanter Fall, und zwar hatt ich meinen Schlüssel vergessen. Ich war inne Stadt unterwegs und wollte sie gez anrufen, um zu wissen, ob sie zu Hause is, damit ich nich vor de zue Tür steh. Wat is? Natürlich besetzt! Ich denk, na ja, dann isse ja zu Hause. Ich mich aufn Weg gemacht. Und hab aber von zwischendurch immer ma wieder probiert. War aber immer besetzt. Konnt ich sicher sein, dat se da is. Ich komm zu Hause an und klingel, macht keiner auf. Ich wieder angerufen, war frei. Ich denk, na ja, da musse ja gleich wiederkommen. Lange hält sie dat ohne Telefon ja nich aus.

Jetz war dat an dem Tach auch noch so kalt! Da hab ich da anderthalb Stunden bibbernd aufe Fußmatte gesessen. Kurz bevor ich steif gefroren war, hab ich dann in meine Verzweiflung beim Nachbar geschellt, dat der mich reinlässt. Wat soll ich Sie sagen, wer steht bei mein Nachbar inne Diele und is am Telefonieren? Mein Frau! Dat muss man sich ma vorstellen, wie krank die is! Da waren die ihre Akkus leer, da geht die nache Nachbarn, um die ihre auch noch leer zu machen! Und da hab ich mich vergessen! Da hab ich dat Telefon ausm zuen Fenster rausgeschmissen!

Ja, nachdem unsre Akkus dann wieder voll waren, hab ich en Glaser angerufen und bei son Elektrofritzen für de Nachbarn en neues Telefon gekauft. Aber dat zieh ich der Guste alles vom Haushaltsgeld ab!

Tramper

Boh glaubse, die Tage hab ich wieder sonne kleine Zeitreise gehabt. Ein Trip in die Vergangenheit. Und zwar war ich mit mein Auto unterwegs. Ich kam aus Dortmund und wollt nach Hause nach Essen. Ja, ich musste unbedingt in den BVB-Fanshop, mir en neuen Kuli kaufen. Der alte war alle gewesen.

Und aufe A40, da Höhe Bochum, musst ich noch tanken. Und wie ich wieder losfahr, steht da einer, hält en Daumen raus und hat en Schild mit «Amsterdam» drauf inne Hand. Ich denk, dat gibt's doch nich, en Tramper! Wann hab ich dat letzte Mal en Tramper gesehen?! Ich dachte, die wären längs ausgestorben.

Und wie ich den so im Vorbeifahren seh, fiel mir meine eigene Tramper-Vergangenheit wieder ein. Ich sach euch, wat bin ich früher getrampt! Kurze Strecken, lange Strecken, in Urlaub, zur Arbeit, nachn Stadion, vom Stadion zurück ... Ich bin sogar noch getrampt, als ich selber schon en Auto hatte. Ich fand, dat war einfach son besonderes Gefühl und auch kostengünstiger!

In späteren Jahren bin ich sogar manchma einfach

aus Scheiß getrampt. Ja, und irgendwann, ich weiß auch nich, wieso, war die Zeit vorbei. Und wer nimmt heute noch Tramper mit? Ich mein, man hört so viel ...!

Auf jeden Fall hatte der Tramper mir keine Ruhe gelassen. Ich bin dann anne nächste Abfahrt raus und wieder zurück, um zu kucken, ob der da immer noch steht. Da war ich doch neugierig. Ja, der stand da immer noch. Ich denk so im Vorbeifahren, ob den heut noch einer mitnimmt?

Und wie ich mich wieder so aufe Autobahn einfädel, fiel mir ein, wie oft ich früher irgendwo gestanden hab und nich mitgenommen worden bin. Ich hab zum Beispiel ma en ganzes Wochenende anne Raststätte «Oligser Heide» verbracht. Da hab ich aber nachher mein Frau angerufen, dat die mich da abholt.

Und dann hab ich Nägel mit Köppen gemacht und bin nochma zurückgefahren zu den Tramper. Ich denk, wenn der da gez immer noch steht, dann nimmse en mit. Gottesurteil!

Da komm ich dahin, da is der nich mehr da! Ich denk, dat kann doch nich wahr sein, meine ganze Hin- und Hergurkerei umsonst! Welcher Idiot hat den denn mitgenommen?! Da bin ich angehalten, um nach ihm zu kucken, ob er sich nich bloß irgendwo hingesetzt hat, um sich vom langen Stehen auszuruhen. Aber nix! Und wie ich grad wegfahren will, seh ich, wie er im Rückspiegel vom Klo kommt.

Ich hin und sach, Kollege, du has vielleicht Nerven! Da will dich einer mitnehmen, und du bis aum Klo! Da meint er, wo fahren Sie denn hin? Ich sach, ich fahr nach Essen. Da sacht er, spitze! Ich kann Bochum nich mehr sehen! Eine Woche reicht! Ich sach, steig ein, ich lass dich anne nächste Raststätte wieder raus, da bisse schomma en Stück weiter.

Ja, und da sind wir direkt im Gespräch gekommen, wo ich ihm erzählt hab, wo ich früher alles hingetrampt bin. Ich sach, Kollege, dat Weiteste, wo wir hinwollten, war Marokko! Wir ham et aber nich ganz geschafft. In Siegburg sind wir hängengeblieben. Da war irgendwie der Wurm drin! Aber eins kann ich dir verraten, Marokko soll sehr sehenswert sein! Im Gegensatz zu Siegburg.

Ja, jetz waren wir aufe Höhe von Essen, da fiel mir ein, dat da gar keine Raststätte is. Deswegen hatte ich ja auch in Bochum getankt, weil ich dat eigentlich weiß. Ich denk, ach komm, fährse noch en Stücksken weiter! Dat war auch grad so gesellig, näh.

Ich erzählte ihm dann, wie wir früher auch immer zu die ganzen berühmten Festivals hingetrampt sind. Woodstock, Monterey, Ei of White, hatten wir alles aum Zettel! Aber ... da fuhr wohl keiner hin. Wo wir aber waren, war Osnabrück, Folkfestival, wo Folk gespielt wurde, vor allen Dingen, Irisch Folk! Ich sach zu den Tramper, Kollege, «Jutendeiten, jutendeiten, tidelli, tidelli, jutendeiten da ...», dat sacht ja wohl alles! Und dann hab ich da, während wir an Oberhausen und Duisburg vorbeifuhren und den Rhein passierten, richtig ein zum Besten gegeben!

Ja, nach meine kleine Konzertdarbietung seh ich auf einma en Schild, wo draufsteht, «Venlo». Und et war aber immer noch weit und breit keine Raststätte in Sicht. Zudem kam gez noch hinzu, dat so langsam der Sprit knapp wurde. Ich tank ja immer nur maximal 10 Liter, damit ich über die Gewichtsersparnis nich son hohen Benzinverbrauch hab. Jaa, die Zusammenhänge verstehen nur die wenigsten!

In dem Moment klingelt mein Frau im Telefon und sacht, Herbert, wo bleibs du mit dem Kugelschreiber?! Ich sach, Guste, is grad ganz schlecht. Ich bin 10 Kilometer vor Holland, wenn ich mich gez verquatsch, is dat gleich en Auslandsgespräch!

Ja, wat soll ich sagen, 8 Kilometer vor Holland bleibt die Karre stehen. Kein Sprit! Da sind wir da ausgestiegen und haben beide den Daumen rausgehalten. Anne Grenze war ja ne Raststätte, dat wusste ich, und ich hab ja für solche Fälle immer en leeren Benzinkanister dabei.

Na ja, der Tramper hatte Schwein und krichte sofort ne Mitfahrgelegenheit mit sonne junge blonde Holländerin in nem offenen Zweisitzer, und ich musste noch en Moment warten. Mich hat dann en Fernfahrer mitgenommen, der mir anne Wäsche wollte!

Tücken der Technik

Boh glaubse, neulich, da bin ich wieder mit unsre moderne Welt aneinandergeraten. Et is ja so, dat sich mittlerweile die Komplizierung bis in banalste Bereiche fortgepflanzt hat. Selbst bei de einfachsten Haushaltsgeräte, wie, sach ich ma gez, Dosenöffner, Bügeleisen oder Toaster, musse ja inzwischen en Ingenieur haben, der ein dat erklärt. Ich mein, bei manche Apparate wirse noch mit Inschtinkt und Intuition mit ihm fertig, aber bei andere ...

Wir hatten uns gez zum Beispiel auch son modernen Fernsehn gekauft, son Flachmann. Ja, mein Frau wollt nich mehr inne Röhre kucken. Und in son Flachmann is ja, wie wir dann erfahren mussten, auch unheimlich viel Technik versteckt, obwohl der so flach is. Die von den Radio- und Fernsehgeschäft hatten uns noch ne Schulung angeboten, um der Technik Herr zu werden, und zwar en Wochenendseminar mit dem Titel «Wie mach ich ihn an?» zum geringen Aufpreis von 120 Euro. Ich sach, seid ihr doof?! Die Kiste werd ich ja wohl noch selber am Laufen kriegen!

Ja, und im Nachhinein, muss ich sagen, hätt ich ma dat Wochenende gebucht! Ich mein, ich hab zwar gez 120 Euro gespart, aber für bestimmt 200 Euro Nerven verloren! Also, unterm Strich 80 Euro versenkt. Ja, dat Tückische an dem Biest war, dem konnte man nur mitte Fernbedienung beikommen. Der selber hat gar keine Knöppe.

Na ja, jetzt läuft er. Aber nur, weil sich mein Frau mit ihre dicke Fott ausversehen aufe Tastatur von die Bedienung gesetzt hat. Und da muss ihr Hintern wohl intuitiv sonne Zahlenkombination ausgelöst haben, dat er ansprang.

Also, dat war schon der Hammer! Wat ich aber gar nich mehr begreif, is, wenn so stinknormale Gerätschaften, wie en Wasserhahn, so konstruiert sind, dat du denks, du bis doof!

Wir warn die Tage warn wir jetzt lecker essen. Im «Zum Goldenen Broiler». Dat is wat für Feinschmecker, für echte Gurmongs! Und son fettigen Vogel, der will ja auch schwimmen. Jetz hatt ich dabei auch en paar Pilse getrunken und hatte irgendwann entsprechend Druck aufe Blase. Auf jeden Fall, ich ging so nachn Klo und stand auch schon so anne Rinne und wollt mir die Hose aufmachen, da fiel mir auf, dat ich von dem Hahn noch ganz fettige Finger hatte. Ich denk, nee, Herbert, so kannse nich beigehn, nachher flutscht er dir noch weg! Und außerdem: Hyäne!

Und ich geh so am Waschbecken und will den Hahn aufdrehen, da is da gar keiner. Ich denk, wat is dat denn?! War der besoffen, der Installatör?! Dann dacht ich, ach, dat is bestimmt son Hahn mit Bewegungsmelder! Da hab ich mich bewegt. Aber nix! In den Moment kommt einer rein. Ich denk, na, ma kucken, wie der dat macht. Jetz ging der aber ers zum Klo, pinkeln. Und bei mir wurd der Druck aber auch immer größer, vor allen, als ich ihn sein Strahl noch hörte. Der hatte aber auch en Strahl! Aber irgend-wann war er fettich und ging einfach raus, ohne sich die Wichsgriffel zu waschen! Ich denk, wat ne Pottsau!

Ja, und *ich* wusste immer noch nich, wie der Hahn ging! Und ich war auch kurz vorm Einnässen. Aber Not macht ja erfinderisch! Und dann hab ich mim Kinn den Seifenspender bedient und bin dann mitte eingeseifte Flossen, ob Se et glauben oder nich, nachn Klo und hab mir im Klo die Hände gewaschen. Geht auch! Auf einma kommt schon wieder einer rein, sieht mich da vor de Schüssel hocken und kuckt so leicht irretiert. Ich sach, wat kucken Sie so?! Is doch auch Trinkwasser!

Ja, jetzt musst ich mir ja die Hände abtrocknen. Und wie ich so zu den Handtuchhalter hingeh, springt auf einma im Vorbeigehn der Wasserhahn an. Und dann hab ich nach längeres Rechieren rausgekricht, dat die Sani-tärheinis en Fußkontakt für den Wasserhahn eingebaut hatten. Und dann noch im Boden! Da soll einer drauf-kommen!

Mit Ach und Krach und mit zittrige Finger hab ich et dann noch so eben mitte Urologie geschafft. Und danach die Hände gewaschen hab ich nochma im Klo. Is ma wat anderes!

Überangebot

Boh glaubse, wissen Se wat? Ich hab manchma hab ich dat Gefühl, mir wird alles zu viel. Also, nich dat Sie jetz denken, ach du Scheiße, gez is der Knebel auch schon börn aut! Nee, nee, da is immer noch «börn tu bi weild»! Aber so vom Angebot, vonne Auswahlmöglichkeiten, die man mittlerweile hat, dat wird mir zu viel.

Zum Beispiel, wenn Se gez im Supermarkt einen bestimmten Juchurt suchen, dann stehen Sie da vor son Kühlregal, dat is so lang wie en Lkw. Und alles nur Juchurts! Tausend verschiedene Hersteller, Geschmacksorten, also mit Geschmack oder geschmacklos, mit Diätgeschmack und, und, und. Bisse da ma den einen bestimmten gefunden has, is der meistens schon abgelaufen.

Dat Gleiche bei Kozmetikartikeln, Slipeinlagen oder Rasierklingen. Dreifach, fünffach, siebenfach Klingen, für Männer, für Frauen, für Beine, für Bärte, für Glatze ...

Oder mein ganz besonderes Steckenpferd; ich nehm et

nich gern in Mund: Staubsaugerbeutel! Ja hömma! Ham Sie schomma versucht, für Ihren Sauger den richtigen Beutel zu finden?! Dat is ne Wissenschaft für sich! Ich hab zum Beispiel nach lange Recherche rausgekricht, dat mein Sauger PH84 AirSpace MicroPor am liebsten hat. Ich hatte et schomma ne Zeitlang mit den TC400 exclusive mit Hepa Filtration versucht, aber da hatte der beim Saugvorgang so Schluckbeschwerden gekricht.

Oder auch so durch die ganze Digitalisierung, die tausend Fernsehprogramme und Radioprogramme. Wer soll dat alles kucken und hören?!

Oder auch inne Fotografiererei! Ja hömma, durch diese Digitalisierung is doch ne regelrechte Bilderinflation entstanden! Kucken Se ma, früher war ein Foto, dat war wat Besonderet! Ne Kostbarkeit! Da wurde en Moment für de Ewigkeit festgehalten. Da hatte man ne Kamera mit en Film drin mit 12 Bilder. 24 kam ers viel später. Da wollte der Moment des Fotografierens wohl bedacht sein.

Wenne da zum Beispiel deine Partnerin im Gebirge fotografieren wolltes, da musste alles scharf sein: dat Gebirge, die Partnerin, dat Gebirge vonne Partnerin. Aber auch Licht war wichtig. Nich zu hell, nich zu dunkel, je nach Aussehen. Und wenn irgendwat nich stimmte, dann bisse gar nich ers aum Auslöser gegangen.

Und wenne dann ausm Urlaub wiederkams, da hasse ersma die Fotorolle im Filmgeschäft zum Entwickeln gegeben. Und dann warse wochenlang gespannt, ob se gut geworden sind. Und wenne se dann abgeholt has, da hat der Fotohändler dir feierlich die Tüte überreicht mit den Worten, Respekt, Herr Knebel! Tolle Bilder! Dieses Gebirge, oh lala!

Ja, und heute? Da wird alles fotografiert, wat nich niet- und nagelfest is. Da wird gar nich mehr der Versuch unternommen, die Partnerin liebevoll, perfekt in Szene zu setzen. Da wird einfach draufgehalten! Und wenn die nix geworden is, dann wird die vor Ort drekt gelöscht. Oder auch nich. Wat sich dann gegebenenfalls als harte Strafe entpuppen kann. Mussten Sie schomma von ein Bekannten 842 Bilder von fünf Tage Bad Orb ankucken?! Hömma, so viel Fotos machen die noch nichma von Guggel Street View, um dat Kaff abzulichten!

Ich mein, ich will hier nich als ewig Gestrigen gelten, aber son bissken Gestrigen is manchma nich verkehrt. Weil, oft is weniger mehr! Mir graut jetz schon davor, wenn meine Patronen alle sind, also, die vom Drucker. Dat is für mich immer der Supergau in Sachen Überangebot. Der Apokalypsus!

Vatertag

Boh glaubse, die Tage is mir nochma aufgefallen, wat et mittlerweile alles für Tage gibt. Also gez nich Montag, Dienstag, Mittwoch oder Donnerstag, Freitag oder diese Wochenendtage da ... na sach! ... Samstag, Sonntag! Oder ausgesprochene Feiertage wie der Allerheiligen oder der Tach der Arbeit. Wobei ich mich immer schon gefragt hab, wat et da zu feiern gibt?! Krankfeiern, dat macht Sinn! Ja, weil, da musse ja nich arbeiten. Aber den Tach der Arbeit feiern, dat is doch Schwachsinn! Obwohl, wenn der aufn Arbeitstach gefallen is, da musstesse ja nich arbeiten. Da gab et dann doch Grund zu feiern.

Wat ich mein, sind aber eher so erfundene Tage. Et gibt doch kaum noch en Tach, wo man nich an irgendwat denken soll: Rosenmontach – saufen, Veilchendienstach – saufen, Aschermittwoch – Aspirin, Valentinstach – saufen, ach nee, Blumen besorgen für de Frau, Internationaler Frauentach – anne Frau denken, Muttertach – anne Mutti denken, Halloween – bloß nich die Tür aufmachen!, Vattertach – saufen.

Wobei Vattertach ja sogar noch auf en richtigen Feiertach fällt. Der is ja eigentlich is der ja der Christi Himmelfahrt, der Vattertach. Jetz fragt man sich natürlich, wer war zuers da, der Vatter oder der Christi? Wobei der Christi ja der Sohn war von den Vatter. Da kann der ja nich so alt sein, weil, der Vatter is ja in der Regel, wenn alles nach Recht und Gesetz zuging, immer älter als wie der Sohn. Also, klare Sache: Vattertach war zuers da!

Ich vermute ma, dat schon vor 5000 Jahren die alten Ägypter mim Bollerwagen durche Wüste gezogen sind und gesungen haben, «Bier her, Bier her, oder ich fall um!» oder «Humba, humba, täterä» oder «10 nackte Frisösen», wat man so singt an Christi Himmelfahrt. Obwohl, damals war ja noch der reine Vattertach. Ja, ich denk ma, irgendwann werden se wahrscheinlich bei Ausgrabungen auf so Biermumien stoßen, da im Tal vonne Könige. Ja, Königspilsener, dat spricht ja Bände!

Na ja, am Vattertach soll man ja jetz nich nur an Saufen denken, sondern auch dadran, wie et war, als man ein Vatter wurde. Mein Gott, wat war ich besoffen! Ja, vor lauter Anspannung und Nervosität, ob die Frau auch alles richtig macht! Mir waren als Mann ja die Hände gebunden. Links die Kanne, rechts die Kippe. Und damals durftesse als Mann ja auch noch gar nich im Kreißsaal, schon gar nich besoffen. Et sei denn, du wars der Arzt.

Jedenfalls, die Geburt vom Kind, die vergisst du als Vatter im Leben nich! Also, wenne dich am nächsten Tach noch überhaupt an irgendwat erinnern kanns. Und dat is ja auch der Grund, warum aufe ganzen Welt jedes Jahr Millionen von Vattern sich die Kante geben: um sich zu erinnern!

Verhütung

Boh glaubse, wissen Se, wat bei mein Frau und bei mir grad Thema is? Da kommen Sie nie drauf! Ich wär da selbs au nich draufgekommen. Verhütung! Ja, Sie haben richtig gehört, Verhütung, also ... aufpassen, dat nix passiert.

Und zwar is ne Freundin von mein Frau, die Lore Dollenberg, im hohen Alter nochma schwanger geworden, durch, ja, ich vermute ma, ne Befruchtung. Dabei waren wir uns sicher, dat die schon lange mitte Wechseljahre durch is. Und dat muss sie wohl auch gedacht haben, und dann hat die wohl zu ihrem Mann gesacht, Erwin, ich glaub, ich schwitz nich mehr, ab gez heißt et für uns zwei: Feuer frei! Tja, und drekt versenkt!

Und jetz is mein Frau in lichterloher Aufregung, dat uns dat auch passiert. Ich sach, mein Gott, Guste, wat soll denn da passieren? Et is doch jahrelang nix passiert, aber auch gar nix! Da meinte sie, ich hätte dat meistens ja gar nich mitgekricht, weil ich schon geschlafen hätte. Ja, ich hatte mich auch schon mehrfach gewundert, warum ich morgens öfter ohne Schlafanzughose aufgewacht bin.

Und dann war ich auch immer so kaputt. Ich hab dat lange auf ne beginnende Demenz geschoben. Da war ich ersma erleichtert.

Ja, jetz stellte sich natürlich wieder die Frage: Wat tun? Ich weiß noch, wie wir uns kennengelernt haben, da haben wir immer mit Abbruch gearbeitet. Et heißt ja auch, wenn et am schönsten is, soll man aufhören. Aber irgendwann ham wir uns gesagt, nee komm, jetz lassen wir et laufen und heiraten!

Und als dat erste Kind dann da war, war uns klar, bloß nich noch mehr Kinder, also, mir zumindest war dat klar! Und dann kam Gott sei Dank die Pille raus. Ja, dann ham wir die genommen. Immer abwechselnd. Ja, ich finde, dat der Mann in so Sachen auch Verantwortung tragen muss! Da war ich schon immer modern. Aber die Pille is mir noch weniger bekommen wie mein Frau. Ich krichte irgendwann son ganz komischen Damenbart. Und dann ham wir die abgesetzt.

Und dann ham wir alles Mögliche ausprobiert, wat der Markt damals hergab: Pariser von London, Diafrackma, sonne Art Kinderschutzkappe, sach ich ma, Spirale hatten wir auch, bis ich da ma drin hängengeblieben bin. Dann ham wir et lange Zeit mit Fieberkurven probiert. Wenn die Temperatur langsam anstieg, wusstesse, Finger weg von die Partnerin, die is heiß! Verbrennungsgefahr!

Und dann hatten wir uns einma sogar anne Mondphasen orientiert. Wie war dat noch ma? Bei Vollmond

... näh, zunehmenden Vollmond ... oder Neumond? Da sisse! In der Phase is ja damals unser Zweites, der Peter, entstanden. Weiße, wegen Peterchens Mondfahrt.

Und dann kamen Gott sei Dank bei mein Frau irgendwann die Wechseljahre. Da hab ich gedacht, noch zwei Jahre schwitzen, dann ham wir et hinter uns! Ja, und jetz sowat! Jetz müssen wir uns da wieder mit ausenandersetzen. Ja, aber dat sind die Nachteile, wenn man als attraktiver Senior bei de Partnerin noch Begehrlichkeiten weckt.

Na ja, bis jetz hab ich mir immer zu helfen gewusst. Einfach die Schlafzimmertür abschließen, damit er nich reinkommt, der Klapperstorch!

Wassergymnastik

Boh glaubse, ich hatte inne letzte Zeit hatte ich zunehmend Gelenkprobleme. Ja, ich merkte dat dadran, dat ich nich mehr so gelenkig war, um nich zu sagen, steif. Partiell kannte ich dat von ... meine Schulter. Aber jetz war so langsam die Steifigkeit in alle Glieder, bis auf ... eins. Na ja ...

Aber dat is einfach dat Alter, weiße. Wenn man einma über die 40 hinaus is, dann is Schwund in alle Bereiche, wat mitunter im Alltag zu ganz handfeste Einschränkungen führen kann.

Zum Beispiel kam ich im Supermarkt nich mehr an die Bückware. Auf Augenhöhe stehen ja immer die teuren Sachen. Dat ham die vom Supermarkt schön eingefädelt! Aber nich mit mir! Da mussten immer die Verkäuferinnen ran. Die kannten mich nachher schon. Wenn ich da reinkam, hieß et immer, ah, da kommt dat Steiftier! Wer bückt sich freiwillig, um für ihm die Bückware zu geben?

Anfangs war dat ja noch ganz nett, sonne besondere Bedienung zu kriegen, aber auf Dauer wurd mir dat doch en bissken unangenehm, dat sich alle immer für mich bücken mussten. Ich kam mir vor wie bei Hofe: König Herbert, der ... ja, wahrscheinlich der Erste.

Obwohl, et heißt ja immer: Der Kunde is König! Aber irgendwie ging dat mit meine Moral nich einher. Ich komm ja von Haus aus ause Arbeiterbewegung.

Und da sind wir auch schon wieder beim Thema: Bewegung. Dat sachte nämlich auch mein Frau: Herbert, du brauchs Bewegung! Ich sach, Guste, überleg doch ma, wat du da sachs! Gerade durch Bewegung kommt doch der Verschleiß! Da meinte sie, richtige Bewegung wär aber wie Schmiere für die Gelenke. Ich sach, wat soll dat denn für ne Bewegung sein?! Und jetz komm mir nich mit Frauenbewegung, die Zeiten sind vorbei!

Da meinte sie, Nordic Walking wär gut. Ich sach, näh, dat mach ich nich. Ich geh doch nich freiwillig am Stock! Und an zwei schon gar nich! Ja, dann mach doch Schwimmen! Ich sach, dat is mir zu langweilig. Da krich ich schlechte Laune, und nachher ertrink ich noch vor Wut.

Da sachte sie, weiße wat, dann mach Wassergymnastik! Dat is sowieso am gelenkschonendsten, dat is nich langweilig, und vielleicht lernse da ja noch ma jemanden kennen! Ich sach, Guste, wollse mich verkuppeln?! Nee, aber dat wär ja so, dat man gerade bei sportliche Betätigung in Gruppen neue Kontakte kriegen tät, wo se einen den Horizont erweitern. Ja, da hab ich mich breitschlagen lassen und bin dahin.

Da komm ich da im Becken, da sind da nur Frauen. Kannse ma sehen, die verschleißen sich sogar noch mehr als wie Männer! Ich sach, na, ihr Seepferdchen, bin ich hier richtig? Da sachte eine von die Ungelenken, in wat fürn Kurs wollen Sie denn? Ich sach, Eisschnelllauf. Ich warte nur noch drauf, dat et hier zugefroren is. Aber so aus Quatsch, näh. Hat aber keiner gelacht. Da hatt ich schon den Kaffee auf! Ja, en guter Witz is ja immer en Test, ob die Wellenlänge inne Gruppe stimmt. Ich denk so, hömma, ihr Artrosebomben, ihr habt aber die Wassergymnastik bitter nötig, bei den Stock, den ihr im Arsch habt!

Ja, dann kam die Übungsleiterin rein und verteilte an alle so Schwimmnudeln, die ein bei de Gymnastik am Absaufen hindern sollten. Und dann hat die Musik laufen lassen, zu der wir dann so ganz sanfte, schonende, kaum merkbare Bewegungen machen sollten. Dat war alles so Musik mit Thema «Wasser»: Pack die Badehose ein, Er hat ein knallrotes Gummiboot, Smoke on se water, I'm sailing ... Und bei «Bridge over troubled water» bin ich dann auf meine Nudel eingeratzt.

Und dann muss ich wohl im Schlaf unglücklich von die Nudel abgerutscht und aum Grund gesunken sein. Weil, wie ich wach werd, krich ich mit, dat die Übungsleiterin Wiederbelebung macht in Form von Mund-zu-Mund-Beatmung. Und ich muss sagen, die hat aber im Erste-Hilfe-Kurs ihre Hausaufgaben gemacht gehabt!

Mein lieber Herr Gesangsverein! Die hat aber mein Horizont dermaßen erweitert!

Ja, mein Frau is manchma richtiggehend hellsichtig!

Wegwerfgesellschaft
(Der Föhn)

Boh glaubse, kennen Sie dat auch, dat man sich an so Sachen so gewöhnt, dat man gar nich merkt, dat man die anhat oder trägt? Also, weiß ich nich, Ehering, Brille, Armbanduhr, Piercing ... Oder wie in mein Fall, Kopfbedeckung, also meine Kappe. Wat meinen Sie, wie oft ich schon mit meine Kappe im Bett gegangen bin?! Inne letzten Zeit öfter als wie mit mein Frau.

Ja, und letzten Mittwoch bin ich unter de Dusche gegangen. Mittwochs is ja immer mein fester Duschtach. Ja nu, wenn Champions League is, da leg ich schon Wert auf gutes Aussehen.

Auf jeden Fall, ich steh so unterm Strahl und seif mir den Kopp ein und denk, wat fühlt sich der denn so speckig an? Ja, da war dat die Kappe, die ich noch aufhatte. Dat hatte ich gar nich gemerkt.

Jetz war die Kappe zwar wenigstens ma frisch gewaschen, aber auch klatschnass. Und ich musste aber noch en paar Besorgungen machen und wollt mich inne Siedlung aber nich mitte feuchten Kappe zeigen. Also, son bisschen Stolz hab ich ja auch!

Und da hab ich versucht, die Kappe mim Föhn tro-
ckenzuföhnen. Und wie ich den Föhn so in die Kappe
reinhalt, um den Trocknungsvorgang zu beschleunigen,
kommt da auf einma Feuer raus, ause Kappe, aber von
dem Föhn. Ich denk noch, gut, datte die Kappe nich auf-
hattes, sons hättse dir noch die Omme gegrillt!

Da macht et «peng» oder «puff» – ich kann mich nich
mehr genau an dat Geräusch erinnern –, auf jeden Fall
kam da Qualm raus aus dem Föhn und son bestialischen
Gestank aus die Kappe. Gott sei Dank flogen dann die
Sicherungen raus! Boh, dat war aber auch en Gestank!
Gut, dat et Sicherungen gibt! Ich hätte tot sein können,
son Gestank war dat!

Am nächsten Tach bin ich dann mit den Föhn los
in son Elektrofachgeschäft, um den reparieren zu lassen. Und der Fachmann kuckte sich den so fachmännisch an und sachte, da hamse aber en Schätzchen! Wat
hat der denn? Ich sach, der hat irgendwann «peng» oder
«puff» gemacht, und dann war Feierabend! Da sachte er,
«peng» oder «puff» wär egal, der wär im Arsch. Dat würd
man doch schon riechen. Ich sach, nee, nee, dat is meine
Kappe! Auf jeden Fall sachte er, Reparieren könn Se vergessen, dat wird dreima so teuer wie en neuer!

Und weiße, so Sprüche, da kann ich ja drauf! Die hab
ich besonders gern! Damit wollen se uns doch nur dat
Geld ause Tasche ziehen, die Konzerne! Mit ihre Prop-
pagierung vonne Wegwerfgesellschaft. Die wollen doch

immer nur mehr Profit erzielen, um ... noch mehr Profit zu erzielen! Und wer denkt an die Umwelt und den ganzen Elektroschrott, der in Afrika verklappt wird?! Dat hat doch mit Nachhaltigkeit gar nix zu tun!

Hömma, und da bin ich da richtig in den Laden heiß gelaufen, so wie mein Föhn! Da bin ich steilgegangen. Und dann hab ich mir den Fachmann richtig zur Brust genommen und gesacht, hömma zu, Sie Büttel, Sie Handlanger des elektromonopolistischen Großkapitals! So nich! Der Föhn wird repariert, koste es, wat es wolle! Dat wolln wir doch ma sehn!

Ja, wat soll ich Sie sagen, 90 Euro hat die Reparatur gekostet! Für 30 hätt ich en neuen Föhn gekricht. Oder für die 90 Euro drei neue Föhns. Aber wat soll ich mit drei Föhns?! Ja, aber dat is Kapitalismus! Völlig paradox!

Weihnachtsmarkt

Boh glaubse, «alle Jahre wieder kommt dat Christuskind ...» Watn Quatsch, näh?! Dat is doch mittlerweile wissenschaftlich bewiesen, dat dat Christuskind, wenn überhaupt, nur ein Mal gekommen is. Also, praktisch wie mein Frau. Die is ja an Weihnachten auch nur ein Mal gekommen. Ja, dat möchte ich aber auch kein zweites Ma erleben! Da hat die ganze Krippe gewackelt!

Wat aber auf jeden Fall alle Jahre wiederkommt, dat is Weihnachten. Und inne Zeit davor die Vorweihnachtszeit. Und davor die Sommerferien. Und davor wieder Weihnachten. Oder wie der berühmte Apostel Sepp Herberger sachte: «Nach Weihnachten is vor Weihnachten.»

Ja, dies Jahr war dat wirklich so. Nache Sommerferien komm ich bei uns im Konsum, da stehn se da: Gewürzspeckelatius, Pfefferkuchen-Spray, Schockeladennickeläuse, Dominasteine, Christusstollen und, und, und. Ich denk, wie, ham die die Scheiße vom letzten Jahr immer noch nich weggeräumt?! Da gibse aber dem Gesundheitsamt ma en Tipp! Und wie ich so auf dat Verfallsdatum kuck, um Beweise zu sammeln, seh ich, dat is gar nich die alte Scheiße. Dat is schon die neue!

Obwohl dat ja im Prinzip egal is. Die Sachen halten sich ja doch ewig. Ich mein, wenn wir jetz zu Weihnachten ma Besuch hatten, da hat sich bislang keiner beschwert. Sicher, einige ham wir danach nie wiedergesehn.

Jedenfalls, Ende September, da hatt ich grad ma geschafft, meine Gartenmöbel rauszustellen, da komm ich im Baumarkt, und wat soll ich Sie sagen, liegen da Lichterketten, Plastikweihnachtsbäume und son Krippen-Bausatz mit acht lebensgroße Figuren zum Aussägen. Ende September! Na ja, andererseits, bisse die ausgesägt has, da is aber schnell Weihnachten. Und dann hatten se da natürlich den ganzen Klimbim, womit du deine Hausfassade und den Garten weihnachtsmäßig deckerativ verschandeln kanns.

Ja, und kaum hatten wir November, komm ich inne Stadt, da is da auch schon Weihnachten. Mein ganz persönlichet Haileit! Weihnachtsmarkt! Der Terror hat ein Gesicht! Dat Elend trägt einen Namen! Da wird dann der ganze nutzlose Plunder für teuer Geld verscherbelt, den se im 1-Euro-Shop dat ganze Jahr über nich losgeworden sind. Dat landet dann aum Weihnachtsmarkt als Heimarbeit ausn Erzgebirge, Sauerland, Eifel oder andre verarmte Gegenden!

Und dann die ganzen Kollegen vonne Happy-Christmas-Spassfraktion! Wenn ich die schon seh! Die sind doch direkt von Karneval über Oktoberfest und Halloween nach Weihnachten durchgestartet. Da wird dann schön Glühwein getrunken, bis der Matjes mitte Reibekuchen inne Gedärme Schlitten fährt! Und zur besseren Verdauung werden dann Lieder gegrölt: «Der Erwin packt der Heidi von hinten anne Schulter», «Et gibt kein Bier auf Hawai», «Wir bumsen durch bis morgen früh und haben Durchfallera», «Zehn nackte Frisösen» ... Wat man eben so singt zu Weihnachten. Ja nu, Christentum im Wandel vonne Zeit.

Da solln se sich ma Gedanken drüber machen aum nächsten Parteitach vonne Kirche! In dem Sinne: «Oh du fröhliche, oh du selige, gnadenlose Weihnachtszeit ...»

Weihnachtsschmuck

Boh glaubse, ich hab mir gez Werkzeug gekauft. Bei Opi. Ja nu, dat is mein Baumarkt. Wo soll ich sons hingehen als Oppa? Kucken Se ma hier, en Seitenschneider! Hömma, der fluppt eins a!

Damit hab ich mich inne Vorweihnachtszeit schon selber beschenkt. Da hält sich die Enttäuschung in Grenzen, wenn ich von mein Frau wieder son Gerümpel krich. Dat hier is en Geschenk! Dat is deutsche Wertarbeit! Steht ja auch da: «Made in ... Taiwan». Kuck an, so kann man sich täuschen!

Na ja, aber dat wollt ich gar nich erzählen, sondern ganz wat anderes. Bei uns inne Siedlung, da treibt im Moment nämlich einer sein Unwesen! Und zwar im Zusammenhang mitte weihnachtliche Zeit. Et is ja so, et wird ja seit einige Jahre immer mehr geschmückt. Ich mein, früher war dat ja bescheiden. Da gab et en Weihnachtsbaum mit Kerzen und Lametta, die ein oder andere Kugel hat man sich gegeben, vielleicht wurd anne Zweige noch en Engel aufgehängt. Dann ham wir auch immer so Verbandswatte genommen und die in kleine Portionen aum Baum verteilt als Schneeimitat. Wunderschön!

Dann vielleicht noch ne Krippe im Wohnzimmer, wo wir früher als Blagen immer Scheiße mit gebaut haben und schomma den Esel inne Krippe gelegt haben. Und die Weisen ausm Morgenland, die kuckten dann doof. Dann gab et noch en Adventskranz, und dat war et dann aber auch. Vor allen Dingen, et beschränkte sich alles aufet Haus!

Und ich weiß gar nich mehr, wann dat anfing, ich glaub, dat war die Zeit, wo wir Kerzen inne Fenster gestellt haben für unsre Brüder und Schwestern inne Ostzone, da nahm dat Unheil seinen Lauf!

Irgendwann hing dann en Strohstern im Fenster; dann lag überall Tannengrün aufe Fensterbänke; dann wurd die Scheibe en bissken winterlich eingesprüht mit Kunstschnee; dann hing die erste Lichterkette im Fenster und, und, und ... Ja, und dann musste der Außenbereich dran glauben, weil drinnen alles voll war.

Dann wurd auch schomma im Vorgarten en Busch illeminiert, und die ersten Bekloppten fingen an, so aufblasbare Nickelaus-Attrappen anne Hauswand zu nageln. Und überall Glühbirnen, wie aufe Cranger Kirmes!

Ja, und jetz is seit Jahren schon inne Siedlung en regelrechter Wettbewerb entbrannt unter dem Motto: Wer hat den längsten, wer hat den dicksten, also ... Nickelaus. Die Krummackers ham in diesem Jahr en kompletten Rentierschlitten aum Dach angebracht mit sonne Lichtinstallation, wo immer «Happy Christmas» am Aufleuchten is. Und dann ham sich die Meier-Blasikowskis gedacht, wat die können, dat könn wir schon lange! Und dann ham die ne ganze Rentierherde mit blinkende Augen im Garten aufgebaut, die Tach und Nacht Weihnachtslieder blöken.

Und dat ganze Geblinke und Geblöke muss wohl irgendwen so gestört haben, dat der inne Nacht hingegangen is und der kompletten Herde mit ein entsprechendes Werkzeug, zack, den Saft abgeschnitten hat. Da war Ruhe im Karton!

Ja, als Gegenmaßnahme ham die Meier-Blasikowskis am Tach drauf ihren Vorgarten mit Stacheldraht eingezäunt. Aber ... mit Lichterkette obendrauf! Dat hat den, der dat Unwesen is, wohl aber nur angespornt, und er hat dann inne nächste Nacht deren Busch mitsamt Beleuchtung rasiert, also ... ab. Und da hatten die Meier-Blasikowskis die Krummackers in Verdacht, wie se mir erzählten. Und siehe da, inne folgende Nacht hatte deren Rentierschlitten den völligen Blackout. Da war Schluss mit «Happy Christmas»! Ja, so zieht eins dat andere nach sich.

Jedenfalls ham die Krummackers dann auch aufgerüstet und alles mit Bewegungsmelder vollgemacht. Wenn da dat Christkind kommt, dann steht dat im Flutlicht.

Sach ma, wat is dat denn da fürn komisches Kabel?!

Nich, dat die Guste hier auch son Weihnachtskillefit ingstalliert hat! Na ja, ma gut, dat ich en Seitenschneider
hab!

Weiße Weihnacht

«*Schneeflöckchen*, Weißröckchen, wann kommse geschneit? Dein Weg is von ause Wolken bis aufe Erde ganz schön weit. I'm dreaming of a white Christmas ...»

Tja, weiße Weihnacht ... Eine vonne großen Menschheitssehnsüchte! Der Schnee bricht sich sein Weg ause Wolken bis nache Erde. Dat weiße Kleid des Winters umhüllt die Landschaft. Spuren von Tiere verraten ihren Weg. Die Sonne funkelt dadrauf. Alles is wie Watte.

Tja, wann hatten wir dat ma zuletzt? Ich glaub, 2010. Noch gar nich so lange her. Dat war vielleicht ne Scheiße! Und zwar war ich grad dabei, den Baum zu schmücken, da kommt mein Frau reingestürzt, und wie se wieder aufsteht, ruft se, Herbert, Herbert, et tut schneien!

Ja, da standen wir da am Fenster und kuckten uns die weiße Pracht an. Nach ner halben Stunde stand die Pracht schon en Meter hoch. Ich sach, Guste, ich geh ma wat schaufeln, damit dat Christkind noch durchkommt zu uns. Da hab ich et noch mit Humor genommen. Und dann hab ich mir aber echt en Wolf geschaufelt! Ich merk dat heute noch bei bestimmte Bewegungen, vor allen Dingen beim Schaufeln.

Als dann die Bescherung war, saß ich da mit steifgefrorene Flossen und Frostbeulen unterm Tannenbaum. Ich krichte meine Geschenke gar nich auf. Und wat war ich gespannt! Ich hatte schon fast wieder en Kribbeln inne Finger. Aber dat legte sich ganz schnell, als die Guste dann meine Geschenke aufgemacht hat. Und zwar hatte sie mir ma wieder SOS geschenkt, Socken, Oberhemd und Schlips. Wie einfallslos! Und als Bonbon obendrauf gab et ne Packung Mottenkugeln.

Und ich dachte ers noch, lecker, Marzipankartoffeln! Ich weiß nich, ob Sie schomma Mottenkugeln probiert haben. Also, mein Fall sind die nich. Die sind so, wie soll ich sagen, so ganz pelzig im Abgang. Bah! Da krisse die Motten!

Ja, aber dat Gute is dann ja mit sonne Extrem-Weihnacht, da kannse dich an alle Details erinnern. Ich weiß noch genau, wat ich der Guste geschenkt hab, obwohl mich dat normalerweise nich so interessiert. Ja, ich hab ihr sons immer ne Pulle Tosca geschenkt gehabt, aber in dem Jahr hab ich et richtig krachen lassen! Da hab ich ihr en Rasierset geschenkt. Wat ganz Edles, von Gillette! Wat der David Beckham auch benutzt oder auch der Tiger Wutz. Und als Pafföng für sie hatt ich ma ne neue Note: original Allgäuer Latschenkiefer!

Und wie bei mein Frau vor Rührung die Tränen kullerten wegen die einfühlsamen Geschenke, da bricht unter Getöse dat Dach vonne Veranda unter der mittlerweile gewaltigen Schneelast zusammen! Da wollten wir raus und kucken, da ging dat gar nich mehr. Eingeschneit! Fünf ganze Tage ham wir da festgesessen wie unter eine Lawine, und am dritten Tach fiel dann auch noch die Heizung aus! Wenn wir nich dat Latschenkiefer-Pafföng gehabt hätten zum Einreiben vonne kalten Knochen, ich weiß nich, ob wir dat überlebt hätten!

Deswegen, wenn ich jetzt so inne vorweihnachtliche Zeit so hör, Schneeflöckchen, Weißröckchen, da kommen direkt schlimmste Erinnerungen wieder hoch. Da krich ich Eispickel von!

Whisky-Tasting

Boh glaubse, die Tage, da hab ich an nem ganz besonderen Seminar teilgenommen, in ein ganz erlesenen Kreis von Leute. Und zwar bin ich da über unsern Gemeindepfarrer hingekommen, den Hermann Teufel. Ohne Scheiß, der heißt wirklich so! Da stimmt der Spruch ma: mim Teufel den Bezelbub austreiben.

Auf jeden Fall hatte der Hermann mich – wir duzen uns aus religiöse Gründe –, hatte der mich mitgenommen zu eine Whisky-Probe. Der Fachmann sacht wohl «Tasting», weil die da ja immer am Testen sind.

Ich sachte im Vorfeld, Hermann, wenne Lust has, dich einfach ma ausm Leben zu schießen, dann könn wir auch hier im Ritterkrug gehen und uns ein verlöten. Die ham da auch Whisky: Racker Rauchzart, Vat 69 ... Da sacht er, wat?! Dat soll Whisky sein?! Dann komma mit zu unsere Whisky-Runde! Drekt morgen wär en Abend für Einsteiger.

Und dann bin ich am Tach drauf da hingegangen. Oh, sonne ganz noble Gesellschaft, in die ich da reingeraten war! Alles so Acker...demicker, manche sogar mit Titel. Punkt 20 Uhr ging et los, und als Erstes kam einer im Rock rein. Ich sach, Hermann, dat geht ja gut los, Schnaps und Transvestiten! Dat is ja genau meine Baustelle!

Ja, dann stellte sich die Transe aber als Seminarleiter raus und sachte, guten evening, my name is James McLaughloch. Und er würd uns gez in die Geheimnisse vonne schottischen Whisky-Kultur einführen. Ich sach, James, mach dat, aber lass vorher schomma die Luft ause Gläser!

Ja, dann stellte er auch die erste Pulle aum Tisch und goss ein. Aber jedem nur son paar Tropfen. Ich denk, typisch Schotte! Und dann sachte er, wir sollten ersma versuchen, den Whisky unter de Zunge zu nehmen. Ich sach, James, dat hättse ma früher sagen sollen, ich hab den schon versenkt. Schütt nochma nach! Aber nich wieder so knapp, du Knickersack!

Ja, beim zweiten Ma isset mir dann gelungen, ihm unter de Zunge zu kriegen. Nich schlecht! Ma wat anderes!

Da meinte der James, ob wir denn dat Alter schätzen könnten. Ich sach, du bis doch bestimmt schon Mitte fuffzich. Ja, ich fand den gut, aber ich glaub, als Einziger. Dann sachte er, der Whisky wär fuffzehn Jahre alt und gez würd er uns ma ein geben, der hätte zwanzich aum Buckel. Und ich muss sagen, der schmeckte au nich schlechter als der, der davor war, obwohl der ja älter war.

Als Nächstes kam er dann mit ein angeblich ganz edlen Tropfe ause Ecke. 25 Jahre alt. Und ob wir denn den intensiven torfigen Charakter wahrnehmen würden. Ich sach, James, gut, dat du dat sachs, dat dat vom Whisky kommt, ich hab schon gedacht, hier hätte einer Paradontose.

Allgemeine Heiterkeit – hatte ich erwartet. Aber nix! Ich denk, oh, der Böller war den Herrschaften noch nich gut genug. Und da fühlte ich mich natürlich in mein Ehrgeiz angestachelt. Ich sach, pass auf, ihr Torfnasen, wer kann den nachsagen? Und dann hab ich da mein Lieblings-Zungenbrecher vom Stapel gelassen. Der geht so: Der Whisky-Mixer mixt den Whisky, den Whisky mixt der Whisky-Mixer.

Und wenn man den aber schneller aufsacht und noch ein inne Hacken hat, dann kommt oft sowat dabei raus: Der Whisky-Mixer wixt, näh mixt den Wixi, quatsch den Whisky, den Whisky mixt der Whisky-Wixer, Mixer! Und ich *hatte* ja ein inne Hacken.

Jedenfalls, ich hatte ihm kaum aufgesacht, da tritt mich einer unterm Tisch. Ich sach, wer von euch Alkoholiker hat mich hier grad getreten?! Wer meldet sich?! Keiner! Ich sach, gez passt ma auf, ihr Mixer äh ... Wixer! Und da hab ich zurückgetreten, aber volle Suppe!

Ja, da war direkt Halligalli in die Tasting-Runde. Da hättse die feinen Herrschaften aber ma sehen sollen! Die ham sich gekloppt wie die Kesselflicker! Ja, der Hermann und ich, wir ham uns frühzeitig da rausgezogen und uns für dat weitere Tasting noch son ganz alten Schottentropfen beiseitegeschafft. Und den ham wir dann beim Hermann inne Kirche unschädlich gemacht. Und dabei ham wir die ganze Zeit versucht, den Zungenbrecher aufzusagen mit den Mixi-Wixer, äh den Whisky-Wixer ... Mixer, mein Gott!

Und ich glaub, so morgens gegen halb vier, da hat der Hermann dat ma einma wie durch ein Wunder hingekricht. Mein ich jedenfalls. Kann aber sein, dat ich zu besoffen war.

Willenskraft

Boh glaubse, wie heißt et so schön: Der Wille kann Berge versetzen! Nee, Quatsch, dat is ja der Glaube, der Berge versetzen kann. Wobei, glauben muss man auch wollen. Ich mein, da gehört ja schon einiges zu. Aber wo ein Wille is, da is auch ein Weg! Ja, und da wollt ich eigentlich drauf raus: Willenskraft. Und wat damit möglich is, mit son starken Willen, dat glaubt man nich. Also, der kann wirklich Berge versetzen!

Zum Beispiel kleine Kinder, wenn die wat wollen, dann terrorisieren die ein so lange, bis die ... ein aum Arsch kriegen. Nee, dat war jetz en schlechtes Beispiel. Trotzdem gilt die Regel: Wenn man wat wirklich will, dann schafft man dat auch! Zum Beispiel Abitur. Obwohl ... dat wollte ich eigentlich gar nich. Aber en Schulabschluss, dat wollte ich! Und dann hab ich mit viel Willenskraft ein gemacht: Tanzschule. Da war ich dann auch einer der Besten. Fuchstrott, Wiener Walzer, Schaschascha, Lambada, Batida de Coco ... Ich hab se alle draufgehabt. Und der Tanzlehrer hatte vorher noch gesacht, dat schaffen Sie nie mit Ihre zwei linke Füße!

Aber Arschlecken! Dem hab ich et gezeigt! Also, nich dat Arschlecken, sondern mein Tanzbein.

Oder anderes Beispiel, der Willi Lanfermann, dat war immer son Hämpfling gewesen. Der wurde im Freundes- und Bekanntenkreis wurde der gerne damit aufgezogen, dat der so gar nix inne Arme hatte. Da hieß et immer, «macht dat Fenster zu, sons fliecht der Willi weg!». Oder wenn der aum Balkon ma eine geraucht hat, hieß et immer, «da draußen brennt ne Dachlatte». «Gandhi» ham wir für ihm immer gesacht oder auch «Twiggy». Jaa, der war immer fürn Scherz gut auf seine Kosten.

Und irgendwann war der dann so verzweifelt, dat er angefangen hat mit Krafttraining. Und nach en paar Monate konns richtig sehen, wie der immer mehr Pakete krichte, also muckimäßig. Und alles durch Willenskraft und vielleicht noch Kraftfutter. Und dann kam sein erster Wettkampf als Gewichtheber. Mein Gott, wat hat der da weggedrückt! 200 Kilo ... und seine Bandscheibe. Alles nur durch Willenskraft!

Tja, dann Krankenhaus, Reha, und jetz schafft er et mittlerweile immerhin schon wieder mim Rollator bis nache Bude, um für Zigaretten zu holen. Und er hat auch fast wieder seine alte Figur. Tja, wo ein Wille is oder in diesem Fall ein Willi, is auch ein Weg! Alles Gute, Willi! Falls du dat hier liest, du alten Spargeltarzan!

Oder noch anderes Beispiel, der Eddi Kallmann, der war schon immer verknallt gewesen in die Roswitha

Probst. Die wollte aber nix von ihm wissen. Und dann hat der sich aber im Kopp gesetzt, die oder keine! Und da keine ja keine Alternative war, rein sexuell, hat er sich auf die Roswitha versteift. Und dann hat der die nachgestellt, regelrecht belagert. Briefe mit Gedichte im Briefkasten reingeschmissen oder Blumen. Oder wenn sie morgens ausm Haus kam, da stand er schon ... mit Pralinen. Oder wenn sie dann zur Arbeit fuhr, dann hatte er frisch anne Unterführung gespritzt, weiße, son Grafitzi, «Rosi, ich will dich!». Sie ihn aber nich.

Und irgendwann konnte se nich mehr, da war se so mitte Nerven runter, weil er auch immer öfter nachts anrief und im Telefon sang, so Lieder wie «Du bis nich allein» oder «I can't get no sätisfäkschen». Und dann hat sen angezeigt als Belästigung. Und bei de Gerichts-verhandlung, da is ihr auf einma klargeworden, beim Plädojeh vom Staatsanwalt, der Mann liebt dich! Also, nich der Staatsanwalt, sondern der Eddi. Und dann hat sie auf einma auch ne tiefe Zuneigung empfunden, also, nich für den Staatsanwalt, sondern für den Eddi. Ja, und dann wurde dem Eddi aber vom Richter auferlegt, dat er sich ihr nich mehr nähern darf, sons würden se ihm im Gefängnis tun.

Ja, gez treffen se sich immer heimlich. Wat heikel is, weil, wenn die auffliegen, is sie obendrein noch wegen Beihilfe dran. Na ja, aber wo ein Wille is, da is auch ein Weg!

Zappelphilipp

Boh glaubse, der Fritz Berger, an den muss ich nur denken, da werd ich sofort ganz hibbelig. Da kann ich kaum noch ruhig sitzen. Und zwar, weil dat selbs son Hibbeligen is. Und damit macht der alles um ihm rum bekloppt!

Sie müssen sich dat so vorstellen, Sie ham doch bestimmt früher auch den Strubbelpeter lesen müssen. Wo den Kindern ja gezeigt wurde, wat alles mit ein passiert, wenn man nich artig is. Dat war ja en richtigen Schocker, dat Buch! Dadrin sind ja Blagen verhungert, weil se keine Lust hatten auf Graupensuppe, so wie der Suppenkasper, die Graupe! Oder eine is verbrannt, die immer mit Streichhölzer gespielt hat. Danach hab ich nie wieder mit Streichhölzer gespielt, weil ich sonne Angst hatte! Da hab ich immer nur vom Vatter dat Feuerzeug genommen.

Ja, und eine Figur aus dem Buch, dat war der berühmte Zappelphilipp. Nach dem sind ja ganze Generationen von Kindern benannt worden. Gut, heute heißen die nich mehr Philipp, sondern Kevin oder Aufmerksamkeitsdefizitsyndrom. Aber meistens kürzen se die mit ADS ab.

Ja, und genau son Zappelphilipp is der Fritz Berger. Schon immer gewesen! Den hat dat Buch von seine Zappelei nich abgehalten. Wenn du mit dem zusammensitzt, da musse Nerven haben wie Drahtseile! Der is immer in Bewegung! Wenn der aum Stuhl sitzt, rutscht der hin und her, steht auf, setzt sich wieder, fängt an zu wippen. Am Essenstisch klappert der die ganze Zeit mim Besteck rum, verstellt die Teller, faltet Servietten und quatscht dabei wie en Wasserfall! Und deswegen ham sich auch mittlerweile viele von ihm abgewandt, weil die auch ma in Ruhe essen wollten.

Na ja, und weil ich ihn aber schon seit früheste Jugend kenn, kümmer ich mich ab und an um ihm. Und ich versuch dann immer, auch so Sachen mit ihm zu machen, wo er gezwungen is, durch die Situation, in die man sich begibt, sich ruhig zu verhalten. Psychologie!

Zum Beispiel waren wir inne Sauna gewesen, weil ich dachte, die Hitze macht den Fritz richtig fertig. Aber Arschlecken! Der is da richtig heiß gelaufen! Dann sind wir ne Zeitlang öfter auf Beerdigungen gegangen. Von Leute, die wir gar nich kannten. Einfach um ihm der Situation auszusetzen. Bis et ma einma auf ne Beisetzung zu eine Auseinandersetzung gekommen is mit eine frische Witwe.

Ja, und neulich hab ich gedacht, Herbert, probier doch ma mit Theater! Richtig son Klassiker, weiße, wo man garantiert einpennt! Und dann lief grad, wie et der Zufall wollte, Faust von den ... Mephisto. Aber die ungekürzte Version. Direktors Cut! Ich denk, dat is doch dem Pudel sein Kern!

Wir dahin, schöne Plätze, 5. Reihe Mitte, so dat uns alle gut sehen konnten. Kaum hatte der eine da von Faust angefangen, da wurd der Fritz schon unruhig, rutschte aum Sitz rum und fing an, aufe Armlehne von den Nachbar rumzutrommeln. Dat dauerte nich lang, da fingen die Ersten an, sich zu beschweren. Ich sach, Fritz, jetz reiß dich doch ma zusammen!

Ja, aber nach ne halbe Stunde fing ich dann auch an, unruhig zu werden. Boh, dat zog sich aber auch! Da konnte ich den Fritz dat erste Ma richtig verstehen. Ja, und da ham wir schön zusammen aufe Armlehne getrommelt. Und die Leute um uns rum wurden auf einma richtig pampig! Ich sach, mein Gott, die können sich da aufe Bühne aber auch ma en bissken Mühe geben und en Zahn zulegen!

Und da fiel einer vonne Schauspieler ause Rolle und sachte, könnt ihr Arschgeigen da unten nich ma den Sabbel halten?! Ich sach, dann gib doch ma Gummi, du Blockflötengesicht! Da meint er, sollen wir beide ma rausgehen vor de Tür?! Ich sach, komm, Fritz, vier Fäuste für ein Halleluja! Ja, da kam et faustdick! Totaler Tumult im Saal! Dat war Faust, wie man ihn sich eigentlich wünscht!

Ja, und am nächsten Tach, die Presse sah dat wohl

auch so. Die war begeistert! «Ein Meilenstein inne Theatergeschichte! Hitverdächtig! Besonders überzeugend die beiden Schauspieler im Parkett!»

Ja, nächste Woche, da gehen wir ma in Hamlet. Näh?, Sein oder nicht Sein! Ma en bissken frischen Wind inne Theaterszene bringen!

Zwanghaft

Boh glaubse, kennen Sie dat auch? Dat man weiß, man hat wat gemacht, und dann kommen einem aber doch Zweifel, ob man dat auch wirklich gemacht hat. Ja, jetz wissen Sie wahrscheinlich gar nich so richtig, wat ich mein. Ich geb Sie ma en Beispiel, um dat für Sie transpirant zu machen.

Zum Beispiel, ich hab mein Auto inne Zitty geparkt, abgeschlossen und bin dann losgegangen, um für Besorgungen besorgen. Und auf einma, nachn paar Metern, frag ich mich, hab ich auch abgeschlossen? Und obwohl ich mir eigentlich sicher bin, dat ich abgeschlossen hab, nagt der Zweifel so lange in mich, bis ich so doof bin und nochma zurückgeh, um dann festzustellen, dat ich natürlich doch abgeschlossen hab.

Wenn man dat nur einma macht, geht et noch, aber ich bin son Kandidat, dem kann et passieren, dat er drei oder vier Ma zurückgeht, also ich. Und wenn mein Frau dann fragt, wo sind denn die Besorgungen, dann kann ich nur sagen, Besorgungen, Besorgungen, du bis vielleicht gut! Sicherheit geht vor! Ich musste doch kucken, ob dat Auto zu is. Ja, aber Frauen ham da einfach keine Ahnung von.

Dabei is die mit ihre Herdplatten au nich besser. Letztens, als wir in Holland waren für en langes Wochenende, Samstag, Sonntag, da hab ich aber en Streifen mitgemacht! Mein Gott näh!

Wir waren grad ma aufe Autobahn in Richtung Venlo, da sacht sie, Herbert, has du die Herdplatte ausgemacht? Ich sach, wie?! Dat muss *du* doch wissen! *Du* bis doch ständig zugange mit dein Herd. Ich mach den noch nichma an, warum soll ich den denn ausmachen?! Ich weiß doch auch gar nich, wie dat geht.

Ja, mein Frau hat sich von mein Geld son modernen Indrucktionsherd gekauft, weiße, woe alles mim Finger aufe Herdplatte bediens, wat früher ja streng verboten war!

Ja, wat blieb mir anderes übrig, als aufe Autobahn zu wenden und zurückzufahren. Der Herd war natürlich aus, is ja klar! Wir wieder los. Diesma sind wir bis kurz nach über de Grenze gekommen. Da fing die wieder an mit ihren Herd. Dat sie unsicher wär, ob sie bei die Kontrolle nich ausversehen mit ihre Flossen auf dat Bedienfeld gekommen wär und ihn angemacht hätte. Da hat die mich so bekloppt gemacht, dat wir echt nochma zurückgefahren sind. Und als mein Frau dann zu Hause nach den Herd gegangen is, sach ich noch, Guste, nur kucken, nich anfassen!

Wir wieder los. Als wir dann tatsächlich spät am Nachmittag in unsre Pangsion eingecheckt hatten, sacht ich zu mein Frau, Guste, ich geh nochma kurz raus. Ich bin mir nich sicher, ob ich dat Auto abgeschlossen hab. Hömma, weiße wat, da fing die schon wieder mit ihren scheiß Herd an! Ich sach, Guste, du has den doch gar nich angepackt! Da sachte sie, ja eben! Da wüsste sie ja gar nich, ob der heiß wär. Ich sach, Guste, weiße wat, du kanns ein bekloppt machen! Da meinte sie, dat muss du grad sagen, mit die ständige Abschließerei von dein scheiß Auto! Ich sach, jaa, wenn wir dat «scheiß Auto» nich hätten, dann könnten wir gar nich hin und her fahren, um deine scheiß Herdplatten nachzukucken! Oh, da hatten wir uns richtig inne Wolle!

Ja, dat Ende vom Lied war, dat wir nochma zurückgefahren sind, und dann ham wir zu Hause beide die Flossen aufe Herdplatten gelegt, damit et auch endlich klar war. Natürlich nix! Ja, jetz war dat durch die ganze Hin-und-her-Gurkerei so spät geworden, dat dat lange Wochenende kein Sinn mehr machte. Allerdings mussten wir ja nochma zurück zum Bezahlen und Ausschecken, und unsere Koffer standen ja auch noch da.

Und aufe endgültige Rückfahrt hamse uns dann anne Grenze angehalten. Wir wären auffällig geworden durch unsre ständige Hin-und-her-Fahrerei und ob wir Drogen dabeihätten. Ich sach, schön wärt, dann wär dat Ganze hier besser zu ertragen! Ja, da hamse uns gefilzt.

Bei mir hamse dann inne Absatzsohle – da hatt ich gar nich mehr dran gedacht – ause 60er Jahre noch son Knubbel Schitt gefunden. Da hamse mir anschließend die ganze Karre ausenandergeschraubt. Jetz schließt die nich mehr richtig! Ich werd wahnsinnig!

24-Stunden-Blutdruck-messung

Boh glaubse, ich hatte ja inne letzte Zeit immer ma Probleme mit mein Blutdruck. Aber eigentlich immer nur beim Arzt. Sobald der mich gemessen hat, war der unheimlich hoch, der Blutdruck. Ja, und wenn der raus war und die Schwester von ihm nochma nachgemessen hat, dann war der ... noch höher, also der Blutdruck. Bei seine Schwester konnt ich mir dat erklären mit den Spitzenwert. Ja nu, ich bin ja auch nur ein Mann mit Hormone. Die muss ich übrigens auch ma messen lassen.

Jedenfalls, wenn ich dann aber zu Hause war und ich mich selbs gemessen hab, dann war wieder alles in Ordnung. Dat sachte ich dem Arzt auch. Herr Doktor, Sie ham aber kein guten Einfluss auf mein Blutdruck! Da meinte er, Herr Knebel, ich würd vorschlagen, wir machen ma ne 24-Stunden-Blutdruckmessung, und dann wissen wir mehr. Ich sach, ja, Herr Doktor, dann machen Se dat ma! Und wenn Se dann mehr wissen, könn Se mir ja Bescheid geben. Hab ich so als Scherz gesacht, weil er ja den Plural für mich benutzt hatte. Da hab ich ihm praktisch mit seine eigene Grammatik ein verplättet.

Ja, dann hat die Schwester mir die Manschette angepasst, und die pumpte sich direkt auf. Aber so, dat ich dachte, mir stirbt gleich der Arm ab. Die war aber auch stramm, also ... nich die Schwester, sondern die Manschette. Ich sachte noch so, aua! Aber sie meinte, dat müsste so. Aber ob ich mit dem Wert noch lebend nach Hause käm, da wär se sich nich so sicher. Ich hätt ja dermaßen Druck aufe Manschette. Ich sach, nich nur aufe Manschette, Frollein!

Ja, dann kricht ich noch son Zähler um Hals, der über ein Kabel mitte Manschette verbunden war. Ich sach, wat mach ich denn, wenn ich schlafen will? Ich bin Bauchschläfer. Da sachte sie, dann legen Se dat Gerät neben sich. Ich sach, dat geht nich, da liegt schon ein Gerät in Form von mein Frau. Ja, dann sollt ich aufm Rücken liegen bleiben, Bauchschlafen wär sowieso ungesund.

Als ich grad losgehen wollte und so dabei war, die Jacke anzuziehen, pumpte sich die Manschette schon wieder auf. Da kam ich ers gar nich in die Jacke. Da musste ich warten, bis dat Ding wieder schlapp war. Ich denk, dat fängt ja gut an!

Ja, dann bin ich aber doch heil nach Hause gekommen und war aber durch die ständige Pumperei schon so genervt, dat ich die ganze Zeit am Kochen war, also ... innerlich. Als ich dann abends mit mein Frau im Bett gegangen bin, sachte ich, Guste, wenn sich heut Nacht wat im Bett aufpumpt, mach dir keine Sorgen, dat is nur die Manschette!

Ja, jetz war dat inne Nacht so, immer wenn ich grad am Einschlafen war, setzte der Pumpvorgang ein. Boh, ich bin bekloppt geworden! Irgendwann muss ich aber wohl doch weggesackt sein, und ich hatte direkt en Albtraum. Und zwar war ich im Schungel in Kontakt mit eine Boa constructa, die sich mein Arm als Zielgruppe ausgesucht hatte. Und dann hatt ich mich ihrer aber irgendwie entledigt, bevor der Arm erwürgt wurde.

Am nächsten Morgen wach ich auf und stell fest, dat mein Frau die Manschette anhat. Ich denk, wenn dat ma nich meine guten Werte versaut! Und dann hab ich die sofort wieder an mir ingstalliert.

Und wie ich dann so morgens nache Praxis losfahr und grad so rückwärts auspark, pumpt sich die Manschette wieder auf, so dat ich den Ausparkvorgang unterbrechen musste. Jetz stand ich so halb aufe Straße, und sonne Arschgeige hinter mir direkt am Hupen. Ich Fenster runter und bölk so rüber, Freundchen, siehs du nich, dat se mich grade aufpumpen?! Da zeigt der mir den Mittelfinger! In dem Moment pustet sich die Manschette dermaßen auf, dat mir der Ärmel vonne Jacke geplatzt is. Und da war ich richtig auf 180 und der Blutdruck aber noch höher!

Und danach lief die Manschette zu Höchstform auf.

Die war gar nich mehr zu bremsen! Da bin ich aber mit Vollgas inne Praxis gefahren, ja, weil ich Panik krichte, weil die Manschette anfing, son bissken en Eigenleben zu kriegen. Zu allem Überfluss bin ich noch geblitzt worden! Dat Verfahren is aber eingestellt worden, weil ich auf dem Foto nich zu erkennen war. Da war hauptsächlich die Manschette drauf.

Ja, bei de Auswertung vonne Daten kratzte sich der Doktor am Kopp und sachte, dat wär schon en Rätsel für ihn. Aufe eine Seite extremste Höchstwerte, um nich zu sagen, lebensbedrohliche Spitzenwerte, aufe andern Seite könnt er mich beruhigen, inner Nacht wär ne längere Phase gewesen, wo geradezu en Tiefdruckgebiet durchgezogen wär. Von daher müsst ich mir nich allzu viel Sorgen machen.

Ja, aber da hat man et wieder! Dat zeichnet ne gute Ehe aus, dat sich beide an entscheidenden Punkten ergänzen! Da kann man sich ruhig gegenseitig Hilfe geben. Da brauch man keine Manschetten haben!

Nachwort

Und? Habt ihr Spaß gehabt? Wenn nich, grämt euch nich! So teuer war der Schinken ja auch nich. Und ihr könnt dat Buch ja auch bei Ih-Bay verkloppen. Dann macht ihr einfach noch meine Unterschrift drauf und verkauft dat als handsigniertes Exemplar. Hab ich auch schon oft gemacht. Meine Unterschrift geht auch ganz einfach. Hier, kuckt ma!

H. Knobol

Herbert Knebel bei rororo

Im Liegen geht's!

Jetzt is, wo früher inne Vergangenheit die Zukunft war